AF245751

COMPTE-RENDU

DE

L'ASSEMBLÉE RÉGIONALE

CATHOLIQUE

TENUE A AUCH

LES 19, 20 ET 21 OCTOBRE 1874

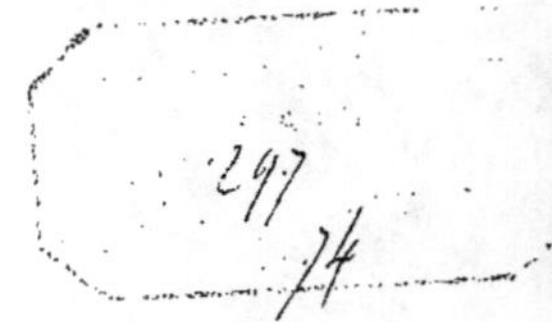

AUCH

IMPRIMERIE AUSCITAINE, ADOLPHE THIBAULT

—

1874

COMPTE-RENDU

DE

L'ASSEMBLÉE RÉGIONALE CATHOLIQUE

TENUE A AUCH, LES 19, 20 ET 21 OCTOBRE 1874

On nous saura gré de reproduire un bon article de M. Henry Marquet, comme étant le résumé vrai de l'impression générale que l'Assemblée régionale catholique des 19-21 octobre a laissée dans les esprits. Cet article trouve naturellement sa place en tête de ce Compte-Rendu, dont il forme ainsi le frontispice.

« Nous ne pouvions souhaiter un meilleur début, pour notre troisième année (1), que d'avoir à parler du Congrès régional catholique qui vient de se tenir à Auch, les 19, 20 et 21 octobre. Quoique nous devions publier *in extenso* les procès-verbaux des diverses séances, nous ne savons résister au plaisir de présenter d'abord ce que nous appellerons la *physionomie générale* de cette Assemblée.

» Qui en a eu la première idée? M. du Bie, l'honorable et zélé président du Comité catholique du Gers, pourrait sans doute nous le dire. Ce qu'il y a de certain, c'est que, grâce à l'approbation et aux actives sympathies de Mᵍʳ l'Archevêque, grâce au concours des membres du bureau et au dévouement de deux prêtres voués aux œuvres catholiques, cet heureux projet a pu être conduit à bonne fin. Le grand succès du Congrès de Lyon et l'explosion des sentiments catholiques qui se fit parmi nous en ces derniers jours, à la réunion extraordinaire qu'avait provoquée le Comité, et où l'éloquent Evêque d'Hébron consentit à porter la parole, ont inspiré une sainte audace.

____

(1) *Semaine religieuse d'Auch*, numéro du 31 octobre 1874.

» Il fallait réellement de l'audace pour improviser en trois semaines une chose si nouvelle parmi nous. Et néanmoins les plus hardies espérances ont été largement dépassées.

» Mgr l'Archevêque, il est vrai, a montré plus que de la sympathie. Il a béni le projet; il avait promis et il a donné son concours le plus actif. Devenu l'un des membres assidus du Congrès, dont il acceptait la présidence honoraire, il en a été l'âme et la joie. Durant trois jours, prêtres et laïques, la veille encore inconnus pour la plupart les uns aux autres, se sentaient, près de son cœur de père, frères bien-aimés et également dévoués aux intérêts de leur commune famille, la sainte Eglise de Notre-Seigneur Jésus-Christ.

» M. le Supérieur du Grand-Séminaire offrait à tous une simple mais cordiale hospitalité dans son vaste établissement, rendu libre par les vacances. Et nous serions ingrats si nous ne disions combien ses soins et ceux de M. l'Econome méritent la plus entière reconnaissance de tous ceux qui en ont été l'objet.

» Le diocèse d'Auch avait fourni à l'Assemblée des ecclésiastiques de la ville et de diverses localités du département, et des laïques appartenant à presque toutes les classes de la société.

» A côté des représentants des plus illustres noms du pays, se trouvaient des propriétaires ruraux, des magistrats, des officiers, des chefs de maisons de commerce, des membres des corps enseignants et les hommes qui dans nos villes sont dévoués à toute œuvre de bien.

» M. l'abbé Martial, vicaire général de Son Eminence le Cardinal-Archevêque de Bordeaux, et M. de Pichard, conseiller à la Cour d'appel de cette ville, étaient venus comme délégués des œuvres ouvrières, dont ils sont les ardents promoteurs dans leur diocèse.

» Toulouse avait envoyé trois apôtres de la classe ouvrière : M. l'abbé Tournamille, M. l'abbé Marceille et le R. P. de Ribens, de la Compagnie de Jésus, tous les trois essentiellement hommes d'œuvres et éminemment pratiques. M. l'abbé Du Moulin, vicaire de la cathédrale, représentait le diocèse d'Aire, — M. l'abbé Valade et M. de Scorbiac le diocèse de Montauban. Enfin, le R. P. Duboé, de Notre-Dame de Lourdes, semblait par sa présence nous assurer que la Vierge Immaculée bénissait nos travaux.

» Commencé le lundi soir par le chant du *Veni, Creator*, et le salut du Très-Saint-Sacrement, et terminé le mercredi, à dix heures du matin, par le *Te Deum*, le Congrès ne s'est pas épargné à la besogne. Il a tenu cinq séances de près de deux heures chacune.

» On a écarté avec soin les questions vagues et oiseuses : dès l'abord on est entré de plein pied sur le terrain pratique. Un grand nombre d'orateurs ont pris la parole; mais tous se sont attachés à des points spéciaux et ont tiré des conclusions nettement formulées et d'une réalisation actuelle. La lecture des procès-verbaux en four-nira la preuve.

» Nous avons suivi, avec la plus sérieuse attention, les discussions lumineuses et si pleines de courtoisie des cinq séances, et nous sommes convaincus qu'il en résultera des conséquences très-impor-tantes pour les intérêts catholiques dans nos contrées.

» Dieu semble de nos jours avoir soufflé de nouveau sur l'Eglise le souffle de l'apostolat, et les cœurs de ces éminents laïques, que nous sentions battre près de nos cœurs de prêtres, nous attestaient que, chez eux comme chez nous, brûle un zèle généreux du salut des âmes et de la gloire de Dieu. La grandeur du mal provoque enfin la sainte émulation du bien. A des titres divers et sous des formes différentes, tous les vrais catholiques acceptent le glorieux devoir d'évangéliser leurs frères égarés ou indifférents.

» Leur action, ne demeurant plus isolée, se multipliera à l'infini.

» Nous comprenons, après cette réunion de trois jours, que la pensée qui a donné naissance aux congrès catholiques a été une inspiration providentielle.

» On en sort comme d'un nouveau Cénacle.

» Ensemble on a prié, ensemble on s'est entretenu des besoins de l'époque : on n'a plus qu'un cœur et qu'une âme, on combine ses forces, on dresse en commun le plan de bataille, et l'on va au combat soutenu par une confiance invincible.

» N'est-ce pas là l'un des premiers effets du Concile du Vatican ! On avait voulu chasser Notre-Seigneur Jésus-Christ de la société civile et politique, on chantait l'avénement de l'Etat absolument laïque, de l'école laïque, de la civilisation laïque ; et voilà que les laïques eux-mêmes se réunissent pour affirmer leur indissoluble union avec le corps sacerdotal et leur pleine et filiale dépendance des Evêques et du Souverain-Pontife! D'eux-mêmes ils viennent aux prêtres, et ils leur disent : « Nous voulons combattre avec vous pour défendre l'Eglise, et avec vous rendre au peuple l'Evangile, les espérances de la Foi et les vertus qui seules consolent ses malheurs et guérissent ses plaies. »

» Le Congrès régional d'Auch a, disons-nous, dépassé toutes nos espérances, et néanmoins nous ne le considérons que comme le grain de sénevé. Ce n'est qu'un essai ; mais il nous donne le droit de dire que la réunion d'un Congrès bien autrement nombreux est maintenant assurée. On trouvera dans les procès-verbaux la motion importante qui a été adoptée à ce sujet.

» Formé à peine depuis deux ans, le Comité catholique du Gers nous a procuré ce résultat. Il ne pouvait mieux affirmer son inappréciable utilité.   » Henry MARQUET. »

Ont assisté au Congrès régional :

Mgr DE LANGALERIE, archevêque d'Auch; MM. l'abbé MARTIAL, vicaire général, Bordeaux ; DU BIE, président du Comité catholique du Gers; l'abbé MONBET, supérieur du Grand-Séminaire; DE PICHARD DE LATOUR, conseiller à la Cour d'appel de Bordeaux; l'abbé PELLEFIGUE, doyen du Chapitre; comte DE CASTELBAJAC; l'abbé BARCIET, archiprêtre de la Métropole; l'abbé LARRIEU, chanoine et directeur au Grand-Séminaire; marquis DE GALARD-TERRAUBE; R. P. DUBOÉ, missionnaire de Notre-Dame de Lourdes; le docteur CASTARÈDE-LABARTHE; comte DILLON; l'abbé GARDÈRES, professeur au Grand-Séminaire; l'abbé DESBONS, *id.;* l'abbé MARQUET, *id.;* baron DE LAMEZAN; l'abbé RIGADE, archiprêtre de Saint-Orens; l'abbé TOURNAMILLE, directeur du Cercle Saint-Cyprien, Toulouse; R. P. DE RIBENS, de la Compagnie de Jésus; le commandant LAFONT, major au 14e chasseurs à cheval; l'abbé DUFOURC, curé-doyen de Saramon; l'abbé LAUZIN, curé-doyen de Saint-Clar; le capitaine BELVÈZE, du 14e chasseurs à cheval; SOLON, vice-président du tribunal civil d'Auch; l'abbé ARRIVET, curé-doyen de Nogaro; l'abbé VIVENT, curé-doyen de Miélan; l'abbé

Campardon, curé-doyen de Jegun; Masson, professeur au Lycée d'Auch; de Griffolet d'Aurimon; l'abbé Lafforgue, économe au Petit-Séminaire; l'abbé Oubré, curé de Saint-Pierre; l'abbé Laporte, aumônier du Lycée; Ester, ingénieur en chef; Auguste Ester; De Scorbiac; l'abbé Couture, professeur de philosophie au Petit-Séminaire; l'abbé Duc, professeur de physique; l'abbé Sembrès, professeur d'histoire; Marcelin Lozes; Dupré-Puget; de Gramont; l'abbé Mortera, missionnaire diocésain; l'abbé Gaubin, *id.;* l'abbé Sancet, *id.;* l'abbé Commère, *id.;* l'abbé Loups, *id.;* l'abbé Rimajou, *id.;* docteur de Lavigne; Lavergne, à Castillon-Debats; Cyr Saint-Laurent, juge de paix à l'Isle-en-Jourdain; d'Antin, au château de Latour, Samatan; de Bordes père, au château de Meillan; Abdon de Bordes; Victor Candelon; Clavé père; Clavé fils; Dagusan, Mauvezin; d'Armagnac, Mauvezin; Bayonne; Serdès; l'abbé Du Moulin de Labarthète, du clergé d'Aire; l'abbé Valade, directeur du Cercle catholique de Lafrançaise (Tarn-et-Garonne); l'abbé Marceille, directeur du Cercle Saint-Sernin, Toulouse; l'abbé Pujos, chanoine honoraire de Montpellier et curé de Lamazère; l'abbé Faget, curé de Montégut; l'abbé Cazalas, curé de Saint-Aurence; l'abbé Pérès, curé de Castets; l'abbé Campan, curé de Sadeillan; l'abbé Dasque, curé de Gondrin; l'abbé Terré, curé de Monferran; l'abbé Abadie, curé de Mongauzy; l'abbé Beth, curé d'Aux; l'abbé Baurès, curé de Lartigue; l'abbé Magentie, directeur du Cercle catholique de Fleurance; l'abbé Lucante, vicaire à Lectoure.

LETTRES ET ADHÉSIONS

COMITÉ CATHOLIQUE

Rue de l'Université, 47,

Paris, 15 octobre 1874.

Monsieur le Président,

J'ai tardé quelques jours à répondre à la lettre que vous avez bien voulu nous écrire le 7 de ce mois, afin de pouvoir en donner communication en séance de bureau.

J'ai l'honneur de vous prier d'agréer nos remerciements pour l'envoi de votre dernier Bulletin, et je m'empresse de vous dire combien nous sommes heureux de la pensée que vous avez eue de grouper dans une réunion régionale les efforts des catholiques si dévoués de la partie sud-ouest de la France.

Vous connaissez déjà, monsieur le Président, les résultats merveilleux obtenus par le grand Congrès du nord de la France, en 1873 ; dans quelques semaines, les vingt comités de la province ecclésiastique de Cambrai vont inaugurer trois nouvelles journées de travail en commun.

Nous avons la confiance que le Congrès d'Auch, du 19 de ce mois, dont nous avons étudié l'intéressant et vaste programme, contribuera pour une large part à la diffusion des œuvres et à la propagation du bien.

Nous vous prions, monsieur le Président, d'agréer pour vous et de faire agréer aux membres du Congrès l'expression bien vive des sentiments de confraternité et de dévouement des membres du Comité de Paris.

Au nom du Comité catholique :

Le Secrétaire,
L. LALLEMANT.

Agen, le 18 octobre 1874.

MONSIEUR LE PRÉSIDENT,

M'étant trouvé absent d'Agen une partie de la semaine, je n'ai connu qu'à la dernière heure votre invitation au Congrès d'Auch. Il m'est impossible, à mon grand regret, de me rendre à cette Assemblée, dont les discussions m'eussent apporté une nouvelle lumière pour la direction de nos œuvres ouvrières.

Je vous remercie d'avoir songé à moi et je vous prie d'être auprès de tous les organisateurs de cette utile réunion l'interprète de mes vives sympathies.

Agréez, monsieur le Président, l'hommage de mes sentiments respectueux et dévoués.

L. DUFOURC DE CHAUMEL,
Chanoine, Vicaire général.

UNION CATHOLIQUE DE LA GIRONDE

Château de Mauvesin, Castelnau-Médoc, 9 octobre 1874.

MONSIEUR LE PRÉSIDENT,

Les raisons si sérieuses qui vous ont déterminé à provoquer cette Assemblée me paraissent de nature à la rendre nombreuse, et je ne doute pas que ses fruits ne soient profitables à toute la région. Permettez-moi donc de vous adresser tous mes encouragements et de vous dire que vous poursuivez une œuvre grande et utile.

Je crains que le Comité de Bordeaux ne figure pas en aussi grand nombre que je l'eusse désiré au Congrès d'Auch. En ce moment, ses membres sont dis-

persés, et les travaux des vendanges nous retiennent tous à la campagne. J'a.
communiqué votre gracieuse invitation à M. de Sèze, notre secrétaire général
pour qu'il en fasse part aux membres du bureau présents à Bordeaux.

Veuillez agréer, monsieur le Président, avec tous mes vœux pour le succès
de votre entreprise, l'expression de mes sentiments très-distingués et dévoués.

L. DE MAUVESIN,

Président de l'*Union catholique de la Gironde.*

Bordeaux, 15 octobre 1874.

Au Président du Comité catholique du Gers.

MONSIEUR,

A mon grand regret, je ne pourrai assister à votre Assemblée générale du
19 octobre courant. Mes devoirs professionnels me retiennent à Bordeaux; mais
mon cœur est avec vous, et j'écouterai avec bonheur, au retour, le récit de mes
confrères. Je m'intéresse tout particulièrement au sort de ces grandes assises
régionales, et je suis assuré qu'il en sortira pour la cause catholique de sérieuses
et salutaires résolutions.

Hier, nous avons prié tout spécialement pour le succès de votre Congrès,
dans la réunion de notre conférence de Saint-Vincent de Paul de la paroisse
Saint-Louis, où le souvenir de Mgr de Langalerie est encore tout vivant.

. . . .

Veuillez agréer, etc.

ROZAT.

A M. l'abbé Magentie.

MON CHER MONSIEUR L'ABBÉ,

Il est assurément fort inutile que je vienne vous donner l'assurance de tous
les regrets que j'ai eus de ne pouvoir vous suivre dans les travaux de votre
Assemblée générale. Dieu ne l'a pas voulu, puisqu'il a permis que la pluie vînt
faire chez moi de véritables dégâts et me rendre esclave pendant plus de huit
jours.

J'ai eu des nouvelles de votre Congrès par mon frère Étienne, qui est tout
plein de feu pour le bien et d'enthousiasme pour ces sortes de réunion.

Ma joie a été très-grande quand j'ai appris que votre Archevêque avait beaucoup encouragé à progresser dans cette voie des œuvres. Vous aurez donc un
appui, et celui que vous désiriez. Dieu en soit loué !

Mon cousin D'Elbreil devait se rendre aussi à Auch, et aurait emmené avec
lui l'aumônier de notre œuvre; malheureusement, Mme D'Elbreil est tombée
malade l'avant-veille de votre Assemblée. Vous avez ainsi perdu trois membres
du Tarn-et-Garonne, qui espèrent bien prendre leur revanche une autre année.

Agréez, etc.

Jean DE SCORBIAC.

Château de Beaudésert, près Montauban, 3 novembre 1874.

Enfin, M. l'abbé Castex, curé-archiprêtre de Sainte-Livrade (Lot-et-Garonne), écrit à son tour une lettre pour exprimer son regret de ne pouvoir assister au Congrès, ainsi qu'il en avait eu le projet ; il donne son entière adhésion.

Comme on le pense bien, nous nous étions fait un devoir d'écrire au bureau central de l'*Union des Associations ouvrières,* pour lui faire part du projet de notre Assemblée des 19-21 octobre. La réponse ne nous est pas parvenue.

CÉRÉMONIE RELIGIEUSE DE L'OUVERTURE DU CONGRÈS

Le 19 octobre 1874, à cinq heures et demie du soir, les membres de l'Assemblée se sont rendus à la chapelle du Grand-Séminaire, pour attirer sur leurs travaux les lumières et la force de l'Esprit-Saint.

Après le chant du *Veni, Creator,* Mgr de Langalerie, archevêque d'Auch, est monté en chaire, et, dans une touchante et chaleureuse allocution, a exposé les devoirs des vrais catholiques à l'égard de Dieu, à l'égard de l'Eglise, à l'égard du prochain et à l'égard de la Patrie. Ses paroles ont vivement ému l'assistance et l'ont merveilleusement préparée à poursuivre avec courage la tâche qu'elle s'était imposée dans son programme.

A la suite du discours de Mgr l'Archevêque, la bénédiction du Très-Saint-Sacrement a été donnée par M. l'abbé Martial, vicaire général de Bordeaux.

PROCÈS-VERBAL DE LA PREMIÈRE SÉANCE

Les membres du Congrès régional étaient réunis dans la salle des exercices du Grand-Séminaire, à sept heures et demie du soir. Mgr l'Archevêque a ouvert la séance en donnant la parole à M. Du Bic, président du Comité catholique du Gers.

M. Du Bic remercie Monseigneur de l'honneur qu'il fait à l'Assemblée, non-seulement de la présider, mais de la mettre sous son patronage immédiat, et d'en faire en quelque sorte son œuvre propre. Il remercie également les hommes de foi et de zèle qui ont consenti à quitter leurs habitudes et leurs occupations, quelques-uns même à franchir d'assez grandes distances pour venir s'asseoir à ces modestes assises de la charité. Puis, faisant allusion à M. l'abbé Martial, ancien supérieur du collége de Bazas, aujourd'hui vicaire général et délégué de Son Eminence le Cardinal-Archevêque de Bordeaux, il se félicite d'avoir été son élève et de pouvoir lui témoigner publiquement sa reconnaissance et son inaltérable affection.

Le nom de M. l'abbé Martial, dont toute la vie a été jusqu'à ces derniers temps vouée à l'éducation de la jeunesse, provoque de chaleureux applaudissements.

C'est un devoir pour moi, Messieurs, continue l'orateur, d'entrer dans quelques explications préliminaires pour répondre à des observations qui me viennent aujourd'hui de bien des côtés à la fois.

Ces observations multiples, diverses dans leur nature, souvent contraires dans leur objet, ne m'étonnent pas, et ce n'est pas seulement par cette raison que donne le proverbe espagnol, qu'on ne peut contenter tout le monde à la fois, mais encore par ce motif bien compréhensible, que la plupart d'entre vous, n'ayant pu se rendre compte du véritable caractère de cette Assemblée, se croient en droit de lui donner une portée qu'elle n'a pas, qu'elle ne peut pas avoir, en d'autres termes, de la mesurer sur un patron qui n'est pas le sien.

Je conçois donc très-bien vos observations, je dirai même vos critiques; et, loin qu'elles me fâchent, je vous demande la permission de vous en suggérer une qui ne m'a pas encore été faite. Le premier reproche qu'on soit en droit, ce semble, de nous adresser, c'est d'avoir improvisé cette Assemblée. La question est de savoir si nous pouvions faire autrement. Mais qui donc aujourd'hui peut se flatter d'être maître de son inspiration et de son heure, alors que les événements, marchant et se précipitant à toute vapeur, vous pressent et vous débordent de toutes parts?

N'avez-vous pas été frappés, comme bien d'autres, de cette parole tombée naguère de la bouche d'un homme d'Etat, du haut de la tribune anglaise, et qui a semblé prophétique? « Il est évident, pour tout esprit attentif, disait l'orateur, que nous marchons à des événements d'une grande portée, et que, quels que soient les sentiments de ceux qui ont à craindre ou à espérer, tout est prêt pour une grande révolution. » Dans une telle occurrence, remettre à une autre année de nous entretenir de nos œuvres et de nos intérêts catholiques, de nous fortifier par des encouragements réciproques, remettre à une autre année de prier ensemble pour le triomphe de l'Eglise et de tant de causes qui nous sont chères, nous a paru impossible. Et puis, remarquez bien que, si nous n'avions pas fait cette première réunion, celle de l'année prochaine n'aurait pu être la seconde, et que, après comme avant, nous nous serions nécessairement trouvés en présence des inconvénients et des difficultés inséparables d'un début. Cela étant, nous nous sommes dit : « Commençons, ce sera déjà beaucoup; si seulement nous pouvons commencer, nous aurons suffisamment réussi. » Ainsi, le premier caractère de cette Assemblée est d'avoir été improvisée; son second caractère est d'être une réunion préparatoire à un Congrès vraiment régional dont j'espère bien que nous étudierons ensemble les moyens et dont nous poserons les premières bases avant de nous séparer.

Je pense, Messieurs, que ces courtes explications suffiront pour vous donner une idée de ce que nous avons entendu faire, et aussi peut-être de ce que vous êtes en droit d'exiger de nous.

J'arrive maintenant à quelques considérations générales qui sont à la fois, si je ne me trompe, dans mon droit comme dans mon rôle.

Lorsque le voyageur met le pied, je ne dirai pas sur une terre inconnue, mais qui lui est étrangère, son premier soin est d'étudier la configuration du sol, ses limites naturelles et ses principales divisions géographiques. Or, à bien des égards, du moins pour la plupart d'entre nous, ne sommes-nous pas ici en présence d'un terrain où il y a à explorer beaucoup? Ne pouvons-nous pas nous regarder comme allant ensemble à la découverte d'un Nouveau-Monde, qu'on pourrait appeler les *Etats-Unis de la charité?*

Avant donc de nous engager dans le domaine des œuvres et dans le pays des associations, qu'il me soit permis d'en étudier la nature et d'en dessiner les grandes lignes.

Bien que nos œuvres catholiques, sorties du sein fécond de l'Eglise, animées de son esprit, soutenues de son souffle, nourries de sa sève divine, ne puissent poursuivre finalement qu'un seul et même but : le salut de la société et, par voie de suite, le salut même des âmes, il n'en est pas moins vrai qu'elles se développent chacune dans un milieu qui lui est propre et par des moyens distincts.

Remarquez que toutes ces œuvres, nées d'inspirations diverses, sans idées préconçues, sans plan arrêté d'avance, et tout en obéissant à un même centre d'attraction, décrivent leur orbite sans produire ni le moindre désordre, ni le moindre choc. C'est ce que le Congrès de Nantes, et plus encore celui de Lyon a permis de constater.

Un second résultat n'a pas tardé à se produire à la suite de ces congrès. Le rapprochement des œuvres a fait naître la pensée de les distinguer et a rendu possible de les définir et d'en donner en quelque sorte la formule.

C'est ce que nous allons essayer de faire en quelques mots.

En dehors de la Société de Saint-Vincent de Paul, qui garde sa place à part, et pour laquelle nous conserverons toujours le respect et l'affection qui sont dus à une sœur aînée, le monde catholique des œuvres comprend aujourd'hui trois grandes divisions, trois vastes groupes.

Le premier se compose des Comités catholiques, représentant un effectif de plus de deux cents associations, formées dans chaque département des classes les plus éclairées, et mettant au service des intérêts catholiques les lumières, l'énergie et l'influence sociale de chacun de leurs membres. Ce groupe embrasse la généralité des œuvres, sans aucune exception. Il a pour point d'appui les intelligences cultivées, et je dirai tout à l'heure sa mission spéciale.

Le second groupe est celui de l'*Union des œuvres ouvrières,* dont l'action grandissante a pour but de créer un foyer central autour duquel gravitent déjà un millier d'œuvres ouvrières. Ce groupe se préoccupe avant tout de la classe intéressante des travailleurs, qu'il s'agisse de l'ouvrier des villes ou du travailleur des campagnes; comme vous le voyez, il s'occupe principalement de la base, des assises de la société.

Enfin, le troisième groupe, qui s'avance plein de jeunesse, d'ardeur et de confiance en lui-même (ce qui est déjà une force), n'est autre que les Cercles catholiques d'ouvriers, association fortement conçue et militairement organisée, qui par une pensée à la fois hardie et féconde ne tend à rien moins qu'à relier la base au sommet et le sommet à la base. C'est ce qu'on peut appeler prendre la société par tous les bouts.

Je ne dirai rien de l'*Union des œuvres*, à laquelle nous venons aujourd'hui faire acte de solennelle adhésion, et sur le terrain de laquelle nous sommes venus d'un commun accord nous placer. Le Rapporteur de la question du *bureau diocésain* nous la fera suffisamment connaître.

Je serai également très-discret sur les cercles catholiques d'ouvriers : ils parlent haut, ils parlent bien, et ne manquent jamais d'excellents avocats pour se défendre. Je ferai seulement à leur endroit une courte remarque, et ce sera pour moi l'occasion d'en dire tout le bien que j'en pense.

On se tromperait de beaucoup si l'on croyait que les cercles catholiques d'ouvriers n'ont d'action que sur les ouvriers qu'ils recrutent et qu'ils embrigadent. La conception en est plus vaste. La création d'une œuvre de ce genre suppose toujours la foi, le dévouement et l'entente préalable d'un certain nombre d'hommes éclairés et indépendants de position. Ces hommes forment un comité protecteur qui, étroitement relié au cercle, sans cependant se confondre avec lui, est destiné à faire cesser ces haines de classes qui sont le péril de l'heure présente. Les fondateurs de cercles catholiques, en procédant ainsi, ont montré des vues profondes et prouvé qu'ils savaient viser juste la révolution.

Remarquons en passant que l'éloignement des classes de la société, les unes vis-à-vis des autres, et leur méfiance réciproque ne s'étaient jamais produits avec ce degré d'acuité que nous lui voyons, et que, même sous l'ancien régime, malgré ce que la chose peut avoir d'invraisemblable, les rapports entre les seigneurs et les classes populaires étaient beaucoup plus fréquents et plus bienveillants qu'ils ne le sont de nos jours entre la bourgeoisie et la classe ouvrière. On peut en donner plusieurs raisons. La première, c'est que les inconvénients qui pouvaient naître de l'ancien régime étaient moins pénibles à supporter qu'on ne le suppose généralement, parce qu'ils étaient le résultat de la nature des choses et de la marche insensible du temps. La seconde, c'est qu'à une époque où les distinctions étaient non-seulement consacrées par l'usage, mais sanctionnées par le droit public, l'homme de condition ne faisait aucune difficulté de se rapprocher du peuple, au milieu duquel les rangs pouvaient se mêler sans se confondre.

De nos jours, il n'en est plus de même. Celui qui se sent supérieur par la naissance ou par la position obéit à un sentiment naturel en cherchant à se préserver des brutalités du droit égalitaire, et, ne se sentant plus protégé par la force d'en haut ni par le respect d'en bas, il s'éloigne de la foule pour ne pas être méconnu. J'explique, Messieurs, je ne justifie pas. L'homme riche, je parle de celui que n'anime pas l'esprit chrétien, dit au travailleur : « Tu te dis mon égal, je n'y contredis pas; mais alors tire-toi d'affaire à tes risques et périls, et sauve-toi comme tu pourras : si tu voulais reconnaître les inégalités sociales, je pourrais être tenté de venir à ton aide et de te tendre la main. Mais puisque, en vertu du droit moderne, tu te proclames souverain, je n'ai qu'à vivre avec les miens et à m'enfermer chez moi, pour mieux faire place à ta souveraineté. »

Sous cette poignante ironie, l'ouvrier a vu une déclaration de guerre, et on ne sait que trop que les deux partis cherchent à en venir aux mains dans une lutte suprême qui pourrait être la fin de la société européenne. Intervenir entre les combattants, leur faire tomber les armes des mains et la haine des cœurs, dissiper les préjugés et les malentendus, en un mot, rapprocher deux classes et les moraliser l'une par l'autre, telle est la grande, la belle mission que se sont donnée les fondateurs de cercles catholiques d'ouvriers.

J'arrive, ou plutôt je reviens aux comités catholiques. Si ces comités se plaçaient sur le même terrain que les associations dont je viens de parler, il est évident comme la lumière du jour qu'il arriverait de deux choses l'une : ou les comités finiraient par empiéter sur ces associations, ou ils seraient eux-mêmes contrariés, combattus, refoulés par ces associations mêmes, et, au lieu de l'union que nous demandons, nous n'aurions que la confusion des œuvres.

Mais il n'en est pas ainsi. D'après la marche des associations catholiques et leur développement simultané, il est permis d'affirmer avec le général Folope, l'éminent président de l'*Union catholique et sociale de la Touraine*, que les comités ont une mission spéciale, qu'ils sont, avant tout, une œuvre de propagande doctrinale, que leur but principal doit être de rectifier les idées pour assainir les mœurs et de chercher à remettre l'ordre dans les esprits, comme le meilleur moyen d'empêcher le désordre dans la rue.

Et remarquez qu'il ne s'agit pas ici de quelque chose de vague, d'une théorie abstraite, d'une rêverie métaphysique, mais bien d'une œuvre positive et militante, faisant appel à tous les dévouements et à toutes les lumières des classes éclairées, s'affirmant sur tous les points où s'exerce l'intelligence humaine, dans les arts comme dans les belles-lettres, dans la philosophie comme dans les sciences, dans les questions économiques comme dans le domaine si important de la législation et du droit : œuvre essentielle et la première de toutes, je ne dis pas dans l'ordre des mérites (Dieu me garde d'en décider ainsi !), mais, je l'affirme, la première dans l'ordre de la logique.

Permettez-moi de vous démontrer par un fait récent la nécessité qu'il y a pour un peuple de veiller à la conservation, à l'intégrité de ses doctrines religieuses et sociales.

Vous savez ce qui se passe au Brésil. Naguère encore cette contrée passait, aux yeux du monde entier, pour être essentiellement catholique. Depuis l'Empereur jusqu'au dernier garde-champêtre, tous affirmaient la même foi, professaient les mêmes croyances. Le croiriez-vous ? Ce bienheureux pays possède encore des confréries. Que dis-je ? Il n'y a pas d'église au Brésil qui n'ait la sienne ; et, sur la foi de ces beaux dehors, les sentinelles qui ont mission de veiller à la garde des esprits et des âmes crurent avoir le droit de s'endormir par temps. Les choses en étaient là lorsqu'un conflit vint à éclater entre le curé d'une paroisse et le président de la confrérie. Le litige est porté devant l'évêque, qui, après avoir étudié mûrement l'affaire, condamne le président de la confrérie. Celui-ci refuse de se soumettre. L'évêque en appelle aux présidents des autres confréries, qui, levant le masque, prennent fait et cause pour le rebelle. L'affaire va plus loin, elle est portée jusque devant le Conseil d'Etat, dont les membres, nourris de mauvaises doctrines, se déclarent contre l'évêque. Enfin, ce courant d'impiété et de rébellion devient si fort, que l'Empereur lui-même, oubliant, comme il est trop de mode aujourd'hui, qu'un souverain ne porte l'épée au côté que pour défendre la justice et la vérité, a fini par courber la tête et sacrifier les droits de la religion à la haine des sectaires.

Le Souverain-Pontife, qui, lui, ne sait point faiblir devant la menace ou la séduction, a fulminé une Bulle dont l'entrée a été interdite au Brésil. Aujourd'hui, cette malheureuse contrée est en pleine persécution religieuse, et déjà deux pontifes, si je ne me trompe, expient dans les fers le crime de servir Jésus-Christ et de défendre les lois de son immortelle Eglise. — (L'Assemblée applaudit.)

Je vous laisse à juger de la stupéfaction des catholiques du pays, quand ils se sont aperçus que, sous cette mince couche d'orthodoxie, la bourgeoisie lettrée et les fonctionnaires étaient gangrenés de libéralisme, de gallicanisme et de franc-maçonnerie, en un mot, que le Brésil était en grande partie infecté de ce qu'on pourrait appeler la peste européenne.

Ainsi, voilà un pays couvert de monuments religieux et d'institutions catholiques, pourvu d'un nombreux clergé et de nombreuses confréries, et qui se perd néanmoins pour n'avoir pas veillé aux doctrines.

L'histoire est pleine d'enseignements sur l'influence des principes, au point de vue de la décadence ou de la grandeur des sociétés.

Quand on considère le siècle qui fit de la France un foyer lumineux et comme le sommet de l'humanité, le siècle qui vit briller tant de grands hommes et tant de grandes choses, où Corneille écrivait *Polyeucte*, où Racine portait la langue française à des limites de perfection qui n'ont plus été atteintes, où Turenne fournissait à Bossuet un héros digne de ses immortelles *Oraisons funèbres*, quand on considère ce grand siècle, dis-je, on est tenté immédiatement de se demander qui éleva ces mâles générations, quels furent les éducateurs de ces fortes races? Vous me répondez que ce sont les religieux de la Compagnie de Jésus. Eh bien! oui, ce sont les Jésuites, puisqu'il faut les appeler par leur nom, ce sont eux qui ont élevé le dix-septième siècle, eux dont un homme de génie a dit qu'ils ont été le plus puissant instrument d'éducation et de civilisation qu'il y ait eu dans l'univers.

Et pourquoi cela?

C'est qu'en étant toujours de leur temps, — et personne, en effet, n'est plus de son temps qu'un Père Jésuite, — ils restent fermement établis sur le roc des principes; et non-seulement ils semblent en être les gardiens-nés, les défenseurs incorruptibles, mais ils s'en font encore les propagateurs intelligents, les ouvriers infatigables.

Ainsi, veiller à la conservation des grands principes religieux et sociaux d'un peuple, et s'efforcer d'y conformer ses institutions nationles, c'est là le secret des grandes civilisations : ne le cherchez pas ailleurs.

Vous n'avez pas oublié, Messieurs, l'illustre et saint évêque dont la présence a été naguère, pour le Comité catholique du Gers, je ne dirai pas seulement un honneur, mais une véritable consécration. Msgr Mermillod ne vous disait-il pas, avec toute l'autorité et toutes les splendeurs de sa parole, que l'œuvre capitale des comités catholiques doit être de travailler à la restauration des doctrines sociales, qui ne peuvent être pour nous que les doctrines chrétiennes.

Qu'est-il besoin d'insister après un témoignage de ce poids et de cette valeur?

Il me semble, Messieurs, que vous devez avoir maintenant une idée de nos trois grandes associations et que vous pouvez vous rendre compte de leurs forces respectives : les *Comités catholiques*, pour assainir les sommets ; l'*Union des Associations ouvrières*, pour affermir les assises de la société ; les *Cercles catholiques d'ouvriers*, pour relier la base au sommet et le sommet à la base. En d'autres termes : les *Comités catholiques* à l'aile droite ; l'*Union des Associations* à l'aile gauche ; au centre, les *Cercles catholiques d'ouvriers*, tel est le front de bataille de cette armée pacifique qui marche, qui s'avance à la conquête des esprits et des cœurs : des esprits par le redressement des doctrines, par un retour aux grands principes sociaux, par une joyeuse soumission aux enseignements de l'Eglise, et des cœurs par la charité, à laquelle rien ne résiste. (Applaudissements.)

Laissez-moi, en finissant, Messieurs, vous ouvrir mon cœur tout entier, laissez-moi vous dire que, malgré les difficultés et les obstacles sans nombre qu'une œuvre catholique, comme la nôtre, rencontre à chaque pas, obstacles et difficultés qui viennent bien moins de nos adversaires que de nous-mêmes et des inexplicables contradictions du cœur humain, nous avons néanmoins de nombreux, de solides motifs d'espérance. Oui, depuis quelque temps, nous pouvons constater des progrès sensibles. Je remarque qu'il se fait autour de nous comme une sorte de fermentation qui est de bon augure, car la fermentation est un phénomène de vie. Et comment en serait-il autrement ? Notre Comité ne s'est-il pas solennellement consacré au Sacré-Cœur de Jésus, au mois de mai dernier ? Et pourrait-il vivre dans ce cœur divin sans en éprouver une douce et vivifiante chaleur ! — Un second motif d'espérance, et ici encore je demande à m'exprimer en toute franchise, c'est que nous voyons les membres du clergé venir peu à peu à nous et se rapprocher de nos œuvres. Ah ! Pie IX le sait bien, lui qui ne manque jamais une occasion de nous envoyer sa bénédiction et les plus précieux encouragements ; nos Évêques aussi le savent bien, eux qui n'ont eu pour nous jusqu'ici que des entrailles paternelles ; ils savent bien que nous ne voulons être que les défenseurs les plus dévoués, les fils les plus soumis de l'Eglise. Eh bien ! que les membres du clergé sachent à leur tour que nous n'avons d'autre ambition que celle d'être leurs plus humbles auxiliaires et comme les plus zélés pourvoyeurs de leur saint ministère. Et si nous avons tant à cœur de les voir au milieu de nous et de marcher avec eux, c'est que nous n'ignorons pas qu'il sort de leur caractère de prêtre, comme de la robe du Christ, une vertu sans laquelle nos meilleures œuvres restent infécondes et meurent sans postérité.

Le discours de M. Du Bie a reçu le meilleur accueil de l'Assemblée et a été vivement applaudi.

A la suite de ce discours, M. Du Bie soumet à l'Assemblée la proposition suivante :

« L'Assemblée,

» Considérant qu'il y a utilité à organiser des *Congrès régionaux* pour l'étude des œuvres catholiques ;

» Et attendu qu'il importe de profiter de la présence des délégués des diocèses voisins,

» Décide qu'une commission sera nommée séance tenante pour cet objet.

» Cette commission sera chargée d'étudier les bases préliminaires du projet et de proposer, dans un rapport qui sera lu demain à la séance du soir, les meilleurs moyens d'arriver à sa réalisation. »

L'Assemblée adopte la proposition et nomme une commission, qui est composée ainsi qu'il suit :

Le Comité catholique du Gers y est représenté par M. Du Bie et M. le comte Dillon.

Le clergé du diocèse d'Auch, par M. Vivent, curé-doyen de Miélan, et par M. Mortera, missionnaire diocésain.

Toulouse, par M. Tournamille, par le R. P. de Ribens et par M. Marceille.

Tarbes, par le R. P. Duboé.

Aire, par M. l'abbé Du Moulin, vicaire de la cathédrale d'Aire.

Bordeaux, par M. l'abbé Martial et par M. de Pichard.

Montauban, par M. Valade et M. de Scorbiac.

L'Assemblée a décidé que cette commission se réunirait, à dix heures du matin, chez M. Du Bie, président du Comité catholique du Gers.

L'Assemblée a ensuite procédé à la formation de son bureau, lequel a été composé de la manière suivante :

Président d'honneur, Mgr l'Archevêque d'Auch.

Président, M. Du Bie, président du Comité du Gers.

Vice-Président, M. l'abbé Martial, vicaire général de Bordeaux.

Conseillers : MM. Tournamille, R. P. de Ribens, de Pichard, marquis de Galard-Terraube, Solon, Castarède, docteur-médecin à Fleurance.

Secrétaires : MM. Desbons, Marquet, Magentie.

Ont été nommés membres honoraires du bureau : M. Monbet, supérieur du Grand-Séminaire,—M. d'Abbadie de Barrau, député du Gers, — M. l'abbé Pellefigue, doyen du chapitre métropolitain, — MM. les vicaires généraux, — M. l'archiprêtre de la Métropole, — MM. les Conseillers généraux et MM. les Officiers qui honoreront l'Assemblée de leur présence.

Mgr l'Archevêque a ensuite invité M. l'abbé Desbons, secrétaire, à donner lecture d'une Adresse à Mgr de Ségur, le grand et zélé promoteur des œuvres catholiques.

La lecture de cette Adresse reçoit l'approbation de l'Assemblée et est accueillie par les plus vifs applaudissements.

M. le secrétaire, après cette lecture, a fait connaître l'ordre des exercices et le programme des matières devant être traitées dans le Congrès.

Cette première séance a eu pour couronnement une pieuse et charmante causerie de M. l'abbé Martial, vicaire général de Bordeaux. Ce vénérable ecclésiastique a insisté sur l'opportunité et l'utilité des congrès catholiques, sur le bien qu'ils produisaient en rapprochant les intelligences et les cœurs, et sur la manière vraiment merveilleuse dont ils réalisaient la devise des temps apostoliques : *Cor unum et anima una*. Il a fini en indiquant le ciment divin sans lequel on travaillerait en vain à élever l'édifice, à refaire les hommes et les peuples : la prière. Sans la prière et la grâce qu'elle attire, nous ne pouvons rien, *sine me nihil potestis facere;* mais, avec la prière, notre faiblesse devient une puissance à laquelle rien ne résiste. A la prière, les catholiques doivent ajouter l'action et la persévérance.

La causerie de M. Martial a été souvent interrompue par les applaudissements de l'Assemblée.

Mgr de Langalerie, archevêque d'Auch, avant de lever la séance, a donné sa bénédiction à l'Assemblée.

La séance a été levée à neuf heures du soir.

Cette première séance n'ayant eu pour objet que des questions générales et l'organisation du bureau de l'Assemblée et de la commission chargée d'étudier les bases du Congrès, n'a donné lieu à aucune discussion ni à aucun incident que nous ayons à relater ici.

Le secrétaire du Congrès,
J. DESBONS.

EXERCICE RELIGIEUX DU MATIN, 20 OCTOBRE

La messe du Saint-Esprit a été dite à sept heures du matin par Mgr l'Archevêque, assisté de M. l'abbé Martial, vicaire général de Bordeaux, et de M. l'abbé Monbet, supérieur du Grand-Séminaire. Après la messe, Mgr de Langalerie a adressé aux membres présents du Congrès régional une touchante allocution; il a parlé de la fête et de l'évangile du jour. Il a découvert dans saint Jean

Canty les vertus spéciales qui conviennent à tous les chrétiens, particulièrement à ceux qui se dévouent au bien de leurs frères : la chasteté, l'activité, l'humilité, tels sont les traits saillants qui distinguent les chrétiens, prêtres et laïques, qui travaillent avec succès à la gloire de Dieu et au salut des peuples.

PROCÈS-VERBAL DE LA DEUXIÈME SÉANCE

La séance, présidée par Mgr l'Archevêque, a été ouverte à huit heures et demie du matin, par les prières d'usage.

M. Du Bie a adressé quelques avis préliminaires sur les rapports des membres avec le secrétariat et l'économat.

Il a ensuite émis un vœu qui a été accueilli avec le plus grand enthousiasme par l'Assemblée : Notre-Dame de Lourdes avait dans l'assistance un représentant. Séance tenante, le R. P. Duboé a été proclamé membre honoraire du bureau. Mgr l'Archevêque est allé le prendre à son banc et l'a conduit, au milieu des applaudissements de l'Assemblée, aux places réservées aux dignitaires du Congrès.

M. l'abbé Magentie, directeur du Cercle catholique d'ouvriers de Fleurance, a lu un rapport sur le *bureau diocésain* : son importance, sa mission, son organisation. L'importance du bureau diocésain découle surtout de sa mission et de son organisation.

Il est chargé de susciter des œuvres sur les divers points du diocèse, de relier et d'unir entre elles les œuvres existantes. Si personne n'est chargé de faire une œuvre, personne ne la fera. Il faut que quelqu'un ayant mission prenne l'initiative, excite le zèle des autres et leur fournisse les renseignements nécessaires pour la fondation des œuvres. L'expérience le prouve. Qu'existerait-il en fait d'œuvres ouvrières et de cercles catholiques sans le Bureau central de l'Union et sans le Comité central des cercles, qui, en peu de temps, ont provoqué, aidé et soutenu la fondation de plus de douze cents œuvres en France ? Le bureau diocésain remplit, pour le diocèse, le rôle que les bureaux centraux remplissent pour toute la France. Le bureau diocésain est donc un foyer d'action et d'impulsion ; il est aussi un centre d'union et de renseignements. Il relie les œuvres entre elles, sans leur imposer ni méthode ni règlement. Il réalise cette devise : la liberté dans la charité. Le nombre des membres du bureau diocésain n'est pas limité. L'Evêque est président. On choisit surtout pour le former les fondateurs et directeurs d'œuvres déjà existantes. Le bureau diocésain agit dans le diocèse par l'intermédiaire des correspondants cantonaux. Il a une caisse spéciale pour les œuvres qu'il fonde, aide et soutient, sans s'immiscer dans les affaires du diocèse.

Le rapport de M. Magentie a été unanimement approuvé par l'Assemblée. Quant à la formation effective du bureau diocésain, elle est renvoyée à plus tard et selon l'opportunité des diocèses représentés au Congrès.

Des explications ont été demandées par plusieurs membres de l'Assemblée. M. Tournamille et M. Martial les ont données. Le bureau diocésain de Bordeaux, dit M. Martial, est en pleine voie de prospérité. Les faits qu'il a cités sont décisifs, grâce surtout au zèle admirable d'un modeste curé de campagne. Le bureau diocésain se réunit tous les mois à Bordeaux, sous la présidence de Mgr de la Bouillerie. Les détails fournis à ce sujet ont fort intéressé l'Assemblée. L'important, c'est que ces bureaux se composent principalement des organisateurs et des directeurs d'œuvres pour ne point rester dans la théorie.

M. de Pichard applaudit aux observations données par MM. Martial et Tournamille, et remarque qu'il y aurait quelque inconvénient à ne prendre les membres du bureau que dans le comité catholique, à cause de la dépendance où cela les placerait vis-à-vis d'une œuvre spéciale.

A cela on a répondu que le bureau, se trouvant sous la direction de l'Evêque, était peu exposé à subir l'influence d'une œuvre particulière, alors que le directeur se devait à toutes.

M. l'abbé Marceille, de Toulouse, ajoute quelques explications qui confirment ce qui a été dit par les précédents orateurs.

A une réclamation de M. Daguzan, de Mauvezin, il a été répondu que l'organisation du bureau diocésain était renvoyée à plus tard.

M. l'abbé Vivent, curé-doyen de Miélan, est invité à fournir des renseignements sur l'œuvre des bureaux ou comités cantonaux. Ces petits comités ont pour but de relier entre elles les paroisses du même canton et de stimuler les œuvres qui y existent ou qui doivent y être fondées. Ce bureau cantonal doit faire pour le canton ce que fait le bureau diocésain pour le diocèse.

M. l'abbé Vivent communique à l'Assemblée une lettre écrite à ce sujet à Mgr de Ségur, par la Conférence de Miélan, et la réponse faite par le Prélat, qui fournit aux organisateurs de l'œuvre les renseignements qu'ils réclament et les encourage vivement à persévérer dans leur généreuse entreprise.

M. de Scorbiac demande si l'élément des comités cantonaux sera exclusivement fourni par le clergé. A cela M. Vivent répond que le double élément laïque et ecclésiastique peut y être admis : à l'occasion, un excellent laïque a plus d'action, dans certains milieux, que le prêtre lui-même. Il ajoute que le bureau cantonal de Miélan n'est encore qu'en voie de formation.

M. Martial, de Bordeaux, s'associe à la réponse de M. Vivent et la fortifie par de nouvelles explications.

M. l'abbé Tournamille réclame la sujétion absolue des bureaux cantonaux au bureau diocésain, et particulièrement à l'autorité épiscopale. Il n'aperçoit pas autant que les préopinants la nécessité des bureaux cantonaux, lorsque le comité diocésain peut les suppléer à peu près pour toutes les œuvres. Il accepte pourtant le principe et encourage ceux qui travaillent à l'organisation de cette œuvre, sous les réserves déjà faites de subordination absolue au bureau diocésain et à l'Evêque.

La parole est ensuite donnée à M. l'abbé Mortera, qui lit un rapport sur les *Sociétés de secours mutuels.*

Les sociétés de secours mutuels, qui couvrent toute la France, sont, hélas! trop souvent dépourvues de l'élément chrétien. Ne peut-on rien faire pour elles? Les ouvriers sont meilleurs qu'on ne le pense généralement. Pourquoi ne pas aller à eux? Pourquoi nous, prêtres et laïques, ne travaillerions-nous pas à rendre les sociétés de secours mutuels des sociétés chrétiennes? Ces sociétés existent sous une forme d'intérêt matériel qui convient à notre époque; c'est peut-être le meilleur élément que nous ayons sous la main pour faire le bien.

M. l'abbé Mortera dit en substance que tous les hommes qui ont quelque souci des grands intérêts de la religion et de la société doivent inviter les sociétés de secours mutuels, par l'organe de leur président et de leur bureau respectif, à ajouter à leur règlement les articles suivants :

1° Assister à la messe, en corps, quatre fois par an ; 2° Remplir les devoirs religieux au moins à Pâques ; 3° Célébrer la fête du Patronage de saint Joseph, le modèle et le protecteur des ouvriers.

Le Congrès émet aussi le vœu de créer de nouvelles sociétés de secours mutuels partout où elles n'existent pas, et même dans les villes où elles existent, si les sociétés ne veulent pas entrer dans cette voie de régénération chrétienne et sociale.

Le rapport de M. l'abbé Mortera a reçu de tous l'accueil le plus sympathique. Mgr l'Archevêque d'Auch s'est plu à rendre hommage au zèle du vaillant fondateur du Patronage et de la Société de Saint-Joseph d'Auch. Il a dit que M. Mortera n'est point resté dans les régions spéculatives et qu'il a créé dans sa ville archiépiscopale une œuvre qui prospère déjà, et qui est appelée à produire de plus grands biens encore.

M. l'abbé Barciet, archiprêtre de la Métropole, s'associe aux éloges donnés à l'œuvre déjà fondée à Auch, et émet le vœu que les jeunes gens entrent dès le premier âge dans la Société de Saint-Joseph.

Le rapport de M. Mortera fournit ensuite matière, dans l'Assemblée, à d'intéressantes observations.

M. l'abbé Tournamille, de Toulouse, si versé dans les œuvres ouvrières, déplore l'absence toujours croissante de tout élément chrétien des sociétés de secours mutuels. Dans bon nombre d'entre elles, on a fait disparaître tout signe religieux. Il est désolant que les catholiques restent si indifférents en face de cette déplorable situation.

A la question de M. Du Bie, président : Est-il bien difficile de refaire bonnes les sociétés mauvaises? M. Tournamille répond que la chose est très-difficile, sinon impossible. Faire, dans le cas présent, est plus facile que refaire.

M. l'abbé Martial fait voir les avantages des sociétés de secours mutuels, lorsque l'élément chrétien y domine ; tous les efforts des vrais catholiques doivent tendre à ce résultat, à les christianiser.

M. Victor Candelon, de Lectoure, se demande s'il est possible de changer les statuts des sociétés déjà approuvées par le gouvernement? On répond qu'on peut, sans changer la substance approuvée, y introduire l'élément chrétien et la pratique religieuse, et que le gouvernement n'en saurait prendre ombrage, ni invoquer la violation des statuts.

M. de Scorbiac dit : Ne serait-il pas possible de modifier l'esprit des sociétés de secours mutuels, si les honnêtes gens, prêtres et laïques, mettent, dans les dons qu'ils font à ces sociétés, comme condition rigoureuse, l'adoption de l'élément chrétien ?

M. Marceille, de Toulouse, dit qu'il est facile d'amener au bien les membres des autres sociétés, en les affiliant, par des cotisations, à des patronages d'apprentis, comme membres adhérents. Les caisses de secours et les caisses d'épargne sont un moyen efficace de solidarité chrétienne. Cette action peut surtout s'exercer sur les hommes qui ne sont agrégés à aucune société.

Quelques membres sont ensuite revenus sur les bureaux diocésains et les bureaux cantonaux. Nous avons groupé plus haut leurs observations.

La séance s'est terminée par les prières d'usage et a été levée à dix heures du matin.

Le secrétaire du Congrès,
J. DESBONS.

PROCÈS-VERBAL DE LA TROISIÈME SÉANCE

Avant l'ouverture de la séance, Monseigneur annonce à l'Assemblée qu'il vient de recevoir des nouvelles rassurantes sur Mgr l'Evêque d'Aire. Cette nouvelle est accueillie avec la plus grande joie.

A deux heures, Mgr l'Archevêque, qui préside, ouvre la séance par la récitation des prières d'usage.

M. l'abbé Desbons, secrétaire, fait lecture du procès-verbal de la séance précédente, qui est unanimement approuvé après une légère modification, accordée à la demande de M. l'abbé Marceille.

M. Du Bie donne la parole à M. de Pichard sur l'œuvre des patronages d'apprentis. Dans une vive causerie, M. de Pichard s'appuie de l'expérience qu'il a acquise, en contribuant à l'organisation de l'œuvre à Bordeaux, pour faire sentir la nécessité de l'union. L'union est *nécessaire, indispensable,* a-t-il dit, en donnant cette traduction pittoresque du *Porro unum est necessarium.* A Bordeaux, on n'a pas songé à instituer un comité local ; mais on s'est associé, tout d'abord, directement à l'Union centrale des Œuvres catholiques ouvrières de France. C'est l'exemple qui doit être suivi partout, si on veut trouver la force. Entrant dans le cœur du sujet, M. de Pichard a montré que de toutes les œuvres, celle du patronage est la plus importante, la seule nécessaire dans un sens : si le jeune homme n'est pas conservé durant l'adolescence, il échappe à peu près pour toujours ; car c'est alors que se fait l'*apprentissage* de la vie. L'œuvre du patronage a donc pour but de rendre cet *apprentissage* chrétien pour les enfants du peuple. La forme peut varier, et M. de Pichard nous en indique trois : 1° les orphelinats ; 2° les établissements des arts et métiers, et 3° le système mixte indiqué dans le Congrès de Nevers. Les deux premières, excellentes d'ailleurs, ne sont pas applicables partout ; la troisième fonctionne parfaitement, et il a indiqué l'externat d'apprentis d'une grande ville, où une maison religieuse reçoit et loge les jeunes ouvriers et remplace pour eux la famille.

M. le Rapporteur range les patronages en trois classes : les patronages ruraux, les patronages paroissiaux des villes et les patronages centraux. Pour les patronages ruraux, il demande l'adhésion à l'Union des Œuvres ouvrières catholiques, et il croit que le presbytère s'offre naturellement comme lieu de réunion.

Dans les villes, il trouve excellents, soit les patronages centraux, soit les patronages paroissiaux. Les premiers englobent tous les apprentis de la ville, ont leur chapelle, leur aumônier, etc. Il cite comme modèle le Patronage de M. l'abbé Peigné, à Nantes. On ne doit pas les redouter comme nuisibles à l'esprit paroissial. Les apprentis, devenus hommes, sont ensuite les plus fidèles à la paroisse.

Les patronages paroissiaux sont plus directement placés sous l'action du clergé paroissial : l'église de la paroisse est leur chapelle. Nantes offre encore un patronage de cette espèce, qui peut servir de modèle.

Comme éléments indispensables, M. le Rapporteur indique : 1° le prêtre ; 2° les Frères ; 3° les confrères de Saint-Vincent de Paul. Afin de maintenir l'accord entre ces trois éléments, il demande qu'ils soient représentés dans le conseil de direction.

Pour entretenir la vie intérieure, il signale : 1° les jeux ; ils sont indispensables ; 2° les charges ; on établit des corporations multiples : congrégation, artistes dramatiques, fanfares, clairons et tambours, officiers d'ordre pour la surveillance, etc. ; 3° cérémonies religieuses ; messe spéciale du dimanche, — recourir même à une loterie pour encourager la présence à la messe, — pompe et solennité du jour des grandes fêtes.

Comme moyens accessoires : les pèlerinages, les représentations dramatiques, les expositions des ouvrages des apprentis. Ce genre d'exposition met en rapport avec les chefs d'ateliers, qui de la sorte sont attirés à l'œuvre. Du reste, l'exposition de Versailles en 1870 a été l'occasion des congrès qui ont suivi.

De vifs applaudissements accueillent les paroles de M. de Pichard.

Mgr l'Archevêque, tout en remerciant et en félicitant M. le Rapporteur, lui rappelle qu'au Patronage de Saint-Louis de Bordeaux, on avait pris comme patrons des jeunes gens du peuple.

M. Du Bie demande si quelque membre de l'Assemblée ne pourrait pas fournir des renseignements sur le fonctionnement des patronages ruraux.

M. le curé-doyen de Nogaro répond en racontant l'origine de son petit Patronage. Il a réuni les enfants après la première communion ; ils assistent à la messe et aux vêpres ; et il a adhéré au Comité central de Paris. Il a reconnu que le livret était pour eux un puissant encouragement.

Sur diverses questions de M. le Président et de Mgr l'Archevêque, M. le curé de Nogaro dit qu'il a loué une chambre pour les réunions, qu'il n'a pas de ressources spéciales, et qu'il cherche à intéresser les enfants en leur procurant quelques lectures agréables et utiles. Leur petit nombre ne permet pas de les grouper à l'église. Il insiste encore sur le prix que les enfants attachent au livret.

M. le curé de Gondrin fournit ensuite sur le même objet des détails qui méritent les approbations de l'Assemblée. Il réunit au presbytère les enfants à qui il a fait faire la première communion ; il leur a réservé une partie de son jardin pour la récréation. Tous les dimanches, avant les vêpres, il y a un petit exercice de piété, et à la quinzaine, le dimanche encore, il fait aux enfants, auxquels se joignent les grandes personnes, dans l'église, le catéchisme de persévérance, après les vêpres. Il parle de l'œuvre de M. l'abbé Cazes, curé de Beaucaire, qui tous les soirs, durant l'hiver, réunit les enfants à la sacristie pendant trois quarts d'heure ou une heure, et les forme au chant. La réunion se termine par la prière dans l'église : une partie de la population vient y prendre part. Durant l'été, M. Cazes ne réunit les enfants que trois fois la semaine.

Mgr l'Archevêque fait observer que les réunions quotidiennes offrent un grave inconvénient : elles pourraient porter atteinte à l'esprit de famille.

M. l'abbé Tournamille recommande, dans les villes, l'Œuvre des Ecoliers pour le jeudi. Il faudrait les réunir et les surveiller pour les soustraire à une multitude de périls. Les loteries, même d'objets peu importants, des récompenses distribuées tous les deux ou trois mois devant les parents et quelques bienfaiteurs, avec accompagnement de chant, de musique, de quelques scènes, serviraient de moyens d'encouragement. Une quête, faite durant ces réunions extraordinaires, fournirait des ressources suffisantes. Les lieux de réunion seraient l'école des Frères ou d'un bon instituteur laïque.

Mgr l'Archevêque demande par quel moyen on pourrait tuer le respect humain chez les enfants.

M. Du Bie dit que c'est par le bon exemple donné d'en haut. Il faut avant tout le tuer dans la classe élevée : la conversion des patrons amènera celle des ouvriers.

M. l'abbé Mortera constate que dans son Patronage le respect humain diminue sensiblement, et que depuis la Pâque les communions sont plus nombreuses.

M. l'abbé Martial demande, comme remède du respect humain, des manifestations religieuses, des communions générales d'hommes. Il faut former des sociétés d'hommes et les compromettre en faveur du bien par une manifestation publique. Il cite le bon effet, dont il a été témoin, produit par une procession de cinq cents hommes. Il insiste surtout pour la conservation des mœurs chez l'enfance, sur la confession et la communion fréquentes, et le bon catéchisme.

Il reçoit les applaudissements de l'Assemblée.

M. Du Bie nous dit qu'à Marseille on a institué une œuvre contre le respect humain. Des jeunes gens dévoués se distribuent les différentes églises de la ville et vont par groupe assister aux offices et faire la communion, tantôt dans l'une, tantôt dans l'autre.

CERCLES CATHOLIQUES. — M. Castarède-Labarthe, pour compléter quelques mots dits par M. Du Bie et M. l'abbé Marceille, après avoir fait remarquer que tout cercle catholique se compose d'un cercle et d'un comité, demande la permission de lire la Monographie présentée à Lyon par M. le comte de la Tour du Pin. Il indique que le but de l'œuvre est de former dans la classe dirigeante des associations, des comités pour fonder ces cercles. L'esprit de l'œuvre est un esprit de foi, qui ne doute de rien, qui a porté les fondateurs à adresser au Saint-Père l'expression de leur résolution et à briguer l'honneur d'entrer dès le berceau dans la grande union des œuvres catholiques ouvrières. Puis, pour répondre aux demandes de quelques membres, M. Castarède-Labarthe indique comment il faut fonder un cercle. Il faudra réunir quelques personnes (quatre suffiront), décidées à poursuivre le but de l'œuvre, les organiser en comité, signer l'acte d'adhésion, selon la formule prescrite, et l'adresser au Comité de l'Œuvre 17, quai Voltaire, qui enverra les documents.

Le comité fondé se divise en quatre sections : la première de propagande, la deuxième de la création du cercle, la troisième des finances, la quatrième d'enseignement.

Et pour cela il faut s'assurer du concours de l'Archevêque, de l'autorisation préfectorale, du local, des futurs membres : ne pas se préoccuper du petit nombre. Ouvrir toutes grandes les portes d'un cercle, c'est vouloir y introduire le désordre. Choisir un bon directeur : là est le point essentiel. Doit-il être prêtre ou laïque : qu'il soit bon.

Tous les préparatifs terminés, ouvrir aussi solennellement que possible.

C'est ainsi que l'on a agi à Fleurance. Pour obéir aux vœux de M. l'abbé Ducam, doyen, et, grâce aux soins de M. l'abbé Magentie et de M. le docteur Desponts, le comité fut formé à Fleurance. Une fois formé et les adhésions obtenues, le Cercle a été ouvert et inauguré par la bénédiction solennelle de la bannière : tout cela s'est accompli dans l'espace de trois mois à peine. — Depuis lors, les progrès sont sensibles, et l'esprit de la population amélioré.

Mgr l'Archevêque remercie M. Castarède, qui reçoit des applaudissements unanimes.

Sur quelques questions de M. l'abbé Du Moulin, M. l'abbé Tournamille répond qu'il est très-facile d'avoir de l'argent. Il n'y a qu'à demander. Il dit les patronages indispensables pour alimenter les cercles. Impossibilité presque absolue de recruter pour les cercles les jeunes gens qui n'ont pas fréquenté les patronages. A Toulouse, il estime que le patronage conserve un tiers des jeunes ouvriers qui y sont entrés. Les hommes faits se rendent plus facilement, on les amène mieux que les jeunes gens au cercle, et ils se décident à faire leurs Pâques. Les conférences scientifiques, littéraires, les représentations, etc., habituent et font prendre goût aux cercles. Il dit tous les ménagements nécessaires pour ne pas froisser la susceptibilité extrême des enfants : avant tout, patience et abnégation. Chez lui, la cotisation est de un franc ; il y a de plus les souscriptions annuelles des bienfaiteurs.

L'Assemblée le remercie par des applaudissements de ces indications.

Conférences publiques. — M. l'abbé Magentie donne lecture d'un rapport fort intéressant. Les idées sont perverties : la vérité n'arrive plus au peuple, qui déserte l'église, et que tant de voix menteuses endoctrinent. Nécessité de détruire l'effet des prédications mauvaises ; le moyen : des conférences. A Paris et dans quelques grandes villes, elles ont produit d'excellents résultats.

M. le Rapporteur démontre qu'elles sont possibles et réfute les objections qui pourraient être faites à ce sujet.

Ce rapport est très-favorablement accueilli.

M. l'abbé Martial nous apprend comment la chose se passe à Bordeaux. L'hiver dernier, deux cents sujets de conférence ont été distribués, deux mois à l'avance. Et dans deux cercles il y a eu alternativement conférence tous les huit jours.

M. l'abbé Du Moulin demande si les conférences doivent être absolument publiques ou spéciales aux ouvriers des cercles.

M. l'abbé Martial répond qu'à Bordeaux, on ne s'est adressé qu'à ces derniers ; mais, en principe, on admet les conférences publiques.

M. Magentie rapporte les paroles du Père Merquigny à Lyon, qui concluait que le *meilleur endroit pour les conférences étaient les pires quartiers d'une ville.*

M. Du Moulin insiste et observe qu'il convient à bien peu d'avoir la légitime audace de M. De Mun.

Mgr l'Archevêque conclut en disant que les circonstances permettent seules de juger si les conférences publiques sont, oui ou non, utiles.

M. l'abbé Tournamille recommande le choix d'un président solide et ferme.

La séance s'est terminée à quatre heures du soir par les prières d'usage.

Le secrétaire du Congrès,
Henry MARQUET.

PROCÈS-VERBAL DE LA QUATRIÈME SÉANCE

Mardi, 20 octobre, l'Assemblée s'est réunie dans la salle ordinaire de ses séances, à sept heures et demie du soir. Mgr l'Archevêque ne pouvant présider, M. l'abbé Martial, vicaire général de Bordeaux, ouvre la séance par la prière d'usage.

Après la lecture du procès-verbal de la troisième séance, donnée par M. l'abbé Marquet, M. Du Bie, président, demande à l'Assemblée de vouloir bien témoigner sa satisfaction et sa reconnaissance pour le zèle intelligent et dévoué qu'ont apporté MM. les Secrétaires dans la rédaction des procès-verbaux des séances précédentes.

L'Assemblée accueille cette proposition par des applaudissements.

M. le Président donne la parole à M. l'abbé Larrieu, chanoine de l'église métropolitaine et directeur de l'Œuvre de Sainte-Zite. M. l'abbé Larrieu, dans une intéressante causerie, donne la monographie de la Confrérie de Sainte-Zite, établie à Auch en faveur des servantes.

M. l'abbé Caussade, aujourd'hui chanoine de l'église métropolitaine, plein de sollicitude pour les jeunes filles sortant de l'hospice et placées en condition à Auch, obtint de Mgr de La Croix la fondation de cette œuvre. Les obligations que la confrérie impose à ses membres sont très-simples : 1° chacune doit réciter deux dizaines de chapelet chaque jour ; 2° il y a deux réunions par mois, le second et le quatrième dimanche. Une messe est célébrée et suivie d'une instruction. Les membres seules de la confrérie sont admises à ces réunions, et, sur un nombre habituel de quatre-vingts à quatre-vingt-dix assistantes, il y a de cinquante à soixante communions chaque fois. Les obligations matérielles se bornent

au versement de 2 fr. par an, laquelle somme est employée à payer
le loyer d'une maison où les filles sans place sont recueillies et
nourries pendant un mois. Au bout du mois, si elles ne sont point
encore placées, elles fournissent leur pain, le logement leur est
encore donné par l'œuvre. Ce qui demeure des cotisations est employé à faire célébrer des messes pour les membres défuntes.

Depuis douze ans que M. l'abbé Larrieu dirige cette œuvre, il
n'a qu'à se féliciter des excellents résultats qu'elle a produits. Il y
a bien de temps en temps quelques brebis qui s'égarent; mais ces
égarements, d'ordinaire passagers, mettent surtout en lumière le
zèle de leurs compagnes pour les ramener. A l'appui, M. le chanoine cite un fait qui prouve bien que, dans tous les rangs et dans
toutes les conditions, il y a de beaux dévouements et de généreux
missionnaires. Les malades sont soignées à l'hospice et visitées
par leurs compagnes et aussi par le zélé directeur. La relation
d'une de ces visites nous donne la preuve la plus édifiante de la
foi et de la charité de ces bonnes et pieuses filles. Elles sont d'ailleurs très-attachées à leur œuvre, et, même loin d'Auch, elles ne
savent pas l'oublier. Plusieurs continuent à envoyer leur cotisation, et quelquefois d'avance. M. le chanoine fait l'éloge des filles
venues à Auch de différents côtés.

Ce touchant récit a été plusieurs fois interrompu par les applaudissements de l'Assemblée, dont M. le Président s'est fait l'interprète pour offrir à M. le chanoine ses plus sincères remerciements.

La parole est donnée à M. l'abbé Tournamille pour son rapport
sur les hôtelleries catholiques.

M. l'abbé Tournamille rappelle que dans les œuvres une chose
est toujours nécessaire. Dans les œuvres catholiques, cette chose
nécessaire, ce sont les hôtelleries. Elles sont nécessaires, non point
qu'elles soient indispensables partout; mais elles le sont dans les
villes importantes, parce que c'est à ces hôtelleries que les directeurs d'œuvres doivent adresser leurs jeunes gens qui partent
pour ces grandes villes. Sans insister sur l'utilité des œuvres en
général, M. le Rapporteur rappelle qu'elles doivent commencer
par l'enfance, dès qu'elle est en danger de se perdre et d'échapper à
l'action de la religion. On sauvegarde l'enfant à l'école chrétienne
d'abord, puis au patronage jusqu'à l'âge où il commence à s'af-
franchir du joug de la famille. S'il reste à la maison paternelle,
il est bon de ne pas l'en détourner; mais, s'il n'y reste pas, il faut

le faire entrer au cercle dès l'âge de seize ou dix-sept ans, et l'y garder devenu homme mûr et père de famille. M. le Rapporteur déplore en passant les goûts de luxe qui se réveillent de bonne heure dans le jeune homme, puis il insiste chaleureusement sur la nécessité du ministère sacerdotal dans les œuvres. Le prêtre est encore une des autorités les plus respectées, et, dans les œuvres, c'est celui qui a le plus d'influence. Au prêtre la mission même de Notre-Seigneur Jésus-Christ; il est l'homme de la prière et de la doctrine. Autre Jésus-Christ, le prêtre est aussi surtout l'homme de la croix, du dévouement et du sacrifice, et toute œuvre demande du dévouement et du sacrifice. Tout père de famille a des préoccupations et des devoirs dans sa famille; le prêtre n'a pas de famille, il se doit au salut de tous. Au prêtre donc surtout de créer et de soutenir les œuvres.

Après les vifs applaudissements qui accueillent cette chaleureuse improvisation, M. l'abbé Tournamille constate qu'en général les jeunes gens qui ne nous connaissent pas viennent peu dans les cercles; beaucoup de ceux que nous avons formés nous échappent ensuite; *à fortiori* les étrangers. Deux choses les retiennent : d'abord la timidité : ils n'osent pas; puis l'influence railleuse des méchants. — La conséquence de ces réflexions, c'est qu'il est nécessaire d'exciter à temps et à contre-temps tous les catholiques, prêtres et laïques, à travailler pour garder le jeune homme dans la bonne voie; c'est qu'il est nécessaire de parler partout et toujours de nos œuvres : 1° parce qu'il faut détruire les préjugés nombreux dans toutes les classes; la société est aux intrigants : les méchants intriguent pour le mal : intriguons pour le bien : 2° il y a quelquefois de la défiance de la part même des bons. Il est vrai, les résultats n'ont jusqu'ici répondu ni à l'attente ni aux sacrifices qu'on s'est imposés. Déjà même les œuvres ont subi quelques tempêtes; mais après l'orage vient le calme et puis la moisson. Nous ne la verrons pas; mais le bien est fait, et Dieu récompense le zèle et non le succès. De la part de nos jeunes gens, sans doute, il y a bien des ingratitudes, mais il y a aussi quelques fruits. Le fruit, c'est l'Eglise, c'est le nom de Dieu, c'est la Patrie, et ce sont les âmes qui le recueillent, et cela suffit.

Après cette intéressante digression, M. le Rapporteur revient a la question des hôtelleries. Le livret-diplôme adopté par l'Union et par l'Œuvre des Cercles doit être remis à tout membre des œuvres qui l'a mérité. Aujourd'hui, on fait peu le tour de France, la conscription arrête le jeune homme. Cependant beaucoup voyagent; il serait bon qu'ils eussent leur livret-diplôme. Mais il ne faut pas le délivrer à la légère, on risquerait d'envoyer dans les œuvres des fruits gâtés. Munis du livret, l'ouvrier et le soldat trouvent dans les œuvres un asile, des amis, du travail, et dans le directeur un père. Cependant ces avantages ne suffisent pas toujours pour les attirer. Beaucoup se laissent entraîner et se jettent dans les garnis et les mauvaises auberges. Il faut donc des hôtelleries, soit dans l'œuvre, soit hors de l'œuvre; mais la perfection du genre, c'est un établissement dépendant de l'œuvre. Dans l'Œuvre des Cercles, l'hôtellerie tient une place importante. Ce ne doit pas être une entreprise financière; les jeunes gens le comprennent vite et s'en vont ailleurs. Ce doit être une œuvre chrétienne, alimentée par les ressources de l'œuvre générale et les petits paiements donnés par les pensionnaires. Il faut que l'on y soit à meilleur marché qu'à l'hôtel; c'est là un appât pour les parents et les jeunes gens.

A Saint-Cyprien, à Toulouse, les jeunes gens sont reçus dès l'âge de quinze ou seize ans, qu'ils soient ouvriers ou apprentis. La charité y accueille de préférence les orphelins. Tous doivent observer le règlement, et le règlement doit être assez sévère. Malgré cette sévérité, il n'y a jamais assez de place. L'union la plus cordiale existe entre les jeunes gens. La nourriture doit être convenable et le régime assez confortable, et à Saint-Cyprien, à ces conditions, pour 1 fr. par jour et 3 fr. par mois pour le logement, on joint encore les deux bouts.

En terminant ce rapport, agrémenté de traits charmants, M. l'abbé Tournamille en cite un des plus intéressants et qui montre bien les heureux résultats produits par les hôtelleries catholiques. Pour conclusion générale, il invite les directeurs d'œuvres à envoyer dans ces hôtelleries leurs jeunes gens qui partent pour la grande ville. Enfin, les directeurs d'œuvres eux-mêmes, ne pouvant que gagner à se voir souvent, sont invités à accepter à l'hôtellerie de Saint-Cyprien l'hospitalité qui leur est offerte avec la plus fraternelle cordialité par M. l'abbé Tournamille.

L'Assemblée répond par de chaleureux applaudissements.

M. de Pichard donne lecture d'une proposition relative aux

chambres et tables de famille. On émet le vœu que les conférences de Saint-Vincent de Paul puissent désigner dans chaque localité des familles d'ouvriers chrétiens dans le sein desquelles les apprentis et ouvriers de passage ou sans parents pourraient trouver une chambre et une place à la table commune.

M. Masson, professeur d'histoire au lycée d'Auch, invité à prendre la parole sur les cours d'adultes, exprime d'abord ses regrets de n'avoir pu assister à la séance précédente, à cause des rapports étroits qui unissent la question des cours d'adultes à celle des conférences publiques. Il nous dit ensuite que les écoles du soir ou d'adultes demandent trois conditions principales :

1° Un personnel d'enseignement. Rendant un hommage bien mérité au dévouement des Frères, il constate qu'il faut aussi le concours des ecclésiastiques et des laïques pour avoir un personnel complet. Pour se le procurer, il y a des difficultés, sans doute ; cependant il faut en être sûr avant de commencer, pour n'être pas obligé de s'arrêter au milieu de l'œuvre entreprise, ce qui est toujours d'un fâcheux effet.

2° Il faut un emplacement pour les cours. Le meilleur est l'école des Frères, là où la chose est possible ; là où l'on a une municipalité chrétienne, la mairie peut prêter ses salles. Il faut que ce local soit central, autant que possible. S'il est loin, pendant l'hiver le mauvais temps arrêtera les ouvriers, surtout si les cours sont quotidiens.

3° Caractères de ces cours. Les plus utiles sont : la lecture, l'écriture, la grammaire, le calcul ; pour les ouvriers de certains métiers, quelques éléments de géométrie. Voilà pour l'instruction ; mais l'éducation est bien autrement importante. Les cours qui ont trait à l'éducation regardent les soins de l'âme, l'ornement de l'esprit, les soins même du corps. Un médecin dévoué ne manquera pas pour faire des cours d'hygiène. Il condamnera surtout cette funeste habitude, grâce à laquelle, en France seulement, 270 millions s'en vont annuellement en fumée. Des cours d'économie politique ne seront pas déplacés pour les ouvriers et pour beaucoup de patrons, afin d'arrêter la guerre entre le capital et le travail, cherchant à se dévorer l'un l'autre, et de développer la vraie fraternité chrétienne. Cette fraternité apprendra à éviter les grèves désastreuses et à ramener, en ce qu'elles avaient de bon, les anciennes corporations, si préférables à tant de nos sociétés de secours mutuels, lesquelles ne sont que des *vestibules de l'Internationale,* par leurs prétentions au progrès sans le christianisme. Enfin, des cours d'histoire et de géographie, et quelques notions de droit *bien usuel.* Montrez l'histoire de France surtout dans ses rapports avec l'histoire du catholicisme, qui a fait notre patrie. Gibbon a dit : « La France est une nationalité fondée par les Évêques, une ruche pétrie par leurs mains. » Dans l'histoire du moyen-âge et dans les premiers temps modernes, afin de réconcilier les gouvernants et les gouvernés, montrez les souverains et les seigneurs aimant et respectant très-souvent les pauvres plus que beaucoup de leurs prétendus amis de nos jours : saint Louis, sainte Elisabeth de Hongrie, saint Ferdinand de Castille, saint François de Borgia. Les ouvriers apprendront là à supporter les peines de leur condition, sans haine et sans envie. Quelques cours d'économie domestique leur apprendront à tirer tout le parti possible de leur modeste position, ou à supporter sans se décourager leurs insuccès et leurs épreuves. Donoso-Cortès l'a dit : « La terre n'est plus qu'une vallée de larmes, où la douleur attend chacun comme une épreuve, et plusieurs comme une expiation. »

Fonder ces cours n'est pas chose facile, dit en terminant M. Masson ; on l'a tenté à Auch, hélas ! sans trop de succès. Le zèle et les efforts de M. l'abbé Mortera méritaient de plus heureux résultats ; mais M. Masson ne croit pas qu'il faille se tenir pour battus, et il offre son généreux concours pour revenir à la charge dans de meilleures conditions de réussite.

Les applaudissements de l'Assemblée remercient M. Masson, et la séance est terminée à neuf heures et demie par la prière à la Sainte-Vierge.

Le secrétaire du Congrès,
A. MAGENTIE.

PROCÈS-VERBAL DE LA CINQUIÈME & DERNIÈRE SÉANCE

Mgr l'Archevêque est au fauteuil de la présidence, et, à huit heures du matin, après les prières d'usage, Sa Grandeur déclare la séance ouverte.

M. Du Bie donne la parole à M. l'abbé Martial.

Après avoir rappelé les obligations à remplir envers M. l'Économe, M. l'abbé Martial paie, au nom de tous, un juste tribut de remerciements à Mgr l'Archevêque pour la gracieuse hospitalité que Sa Grandeur a ménagée aux membres du Congrès, et pour l'intérêt si vif qu'Elle a porté à tous ses travaux, en présidant presque toutes ses séances et en dirigeant les discussions. Jusqu'ici les congrès n'avaient pas reçu, à ce point, les preuves de la bienveillance épiscopale, et on n'avait pas vu les Évêques partager avec les membres de ces congrès tous les actes de la vie en commun. L'orateur, en se rendant l'interprète de la reconnaissance générale, se trouve d'autant plus heureux, qu'il peut ainsi donner satisfaction à une vieille dette de reconnaissance qu'il a contractée envers Monseigneur d'Auch depuis plus de cinquante ans. Elle se rafraîchit en ce jour, et il ose demander à Sa Grandeur, pour lui et pour les autres, la grâce d'entrer et de s'installer dans son *cœur*, plus vaste encore que *celui* de sa splendide cathédrale.

Il demande ensuite trois salves d'applaudissements pour M. le Supérieur du Séminaire, qui a si gracieusement mis sa maison au service du Congrès; pour M. l'Économe, qui a su délicieusement passer par les estomacs pour arriver jusqu'aux cœurs, et pour MM. les Secrétaires du Congrès, si vaillants et si fidèles, qu'ils ont saisi jusqu'aux ombres des discussions.

Revenant sur la nécessité, qui a été proclamée si souvent dans les séances précédentes, de prendre les enfants de bonne heure, l'orateur voudrait que l'on s'occupât d'eux, même avant la première communion. Il rappelle que bien souvent on ne peut malheureusement pas s'en rapporter aux instituteurs, dont plusieurs cherchent même à exercer une action anti-chrétienne. Il faut prévoir ce danger. A son avis, le curé n'use pas assez du droit de surveillance qu'il a sur l'école : il doit y aller souvent. Les esprits les plus éminents ont reconnu la nécessité de cette surveillance constante du prêtre : ainsi M. Guizot. L'empereur d'Allemagne lui-même, alors qu'il était prince-régent, fit un règlement qui prescrivait aux ministres du culte d'aller, au moins trois fois la semaine, à l'école pour s'assurer de l'instruction religieuse. Se dévouer aux enfants, c'est les aimer beaucoup, et le prêtre doit avoir pour eux un véritable cœur de mère.

L'orateur insiste de nouveau sur les pieuses industries à mettre en jeu pour gagner les ouvriers : réveiller parmi eux l'esprit de famille; maintenir la femme dans les pensées chrétiennes, le dévouement, la prière, et par là lui ménager une influence de plus en plus décisive sur le mari ; faire agir les enfants pour gagner les pères. Il cite plusieurs exemples, qui intéressent vivement l'Assemblée, du pouvoir que les enfants pieux ont eu pour ramener leur père à Dieu.

L'orateur exprime ensuite son étonnement d'avoir lu dans le Programme : *chercher les moyens d'introduire les conférences de Saint-Vincent de Paul dans les œuvres ouvrières.* N'y vont-elles pas de plein pied ? Ne sont-elles pas la sublime création de la charité dans notre siècle, celle qui a donné naissance à toutes les autres œuvres ? Ne faut-il pas que toute œuvre pour vivre reçoive la sève de saint Vincent de Paul ?

Les applaudissements de l'Assemblée répondent aux paroles de l'orateur.

M. Martial continue sa causerie en recommandant d'agréger les jeunes ouvriers aux conférences. Il faut de bonne heure les habituer à la vue et au contact du pauvre : rien n'est plus propre à leur inspirer le dévouement et même les sacrifices héroïques. Il le confirme par des exemples dont il a été témoin.

Il finit par quelques mots sur la *Grande Famille du Saint-Sacrement*, établie à Bordeaux. La pensée qui l'a fait naître a été celle de répondre au siècle, qui veut chasser Jésus-Christ de la société. Des chrétiens fervents ont dit au Sauveur : *Mane nobiscum, Domine, quoniam advesperascit.* Sur cette pensée l'œuvre a grandi insensiblement. D'abord quatre hommes se sont promis d'assister à la veillée de nuit dans l'église où se faisait l'Adoration ; ils ont recruté des adhérents ; et maintenant, dans chacune des paroisses de Bordeaux, il y a de quarante à quatre-vingts hommes par heure qui passent la nuit devant le Saint-Sacrement quand il est exposé. Deux mille hommes sont inscrits, et on espère en avoir quatre mille à la retraite qui commence le 25 octobre. On installe l'œuvre dans une paroisse, en y plaçant un chef, qui recrute douze membres, et ceux-ci à leur tour travaillent à procurer chacun le même nombre. Les membres sont pleins de ferveur ; ils se prêtent volontiers aux manifestations religieuses ; ils ont pris l'engagement d'accompagner, un cierge à la main, le Saint-Sacrement durant les processions.

L'Assemblée applaudit vivement l'orateur.

Mgr l'Archevêque remercie M. l'abbé Martial d'avoir rappelé la vieille amitié qui les unit. Depuis plus de cinquante ans, il le connaît bon, dévoué, ardent au bien.

M. Jules Solon, vice-président du Tribunal civil d'Auch, demande la parole. Il estime que c'est un acte de justice de signaler au Congrès une œuvre essentiellement moralisatrice, dont le département du Gers a eu l'initiative, et que nous devons au zèle éclairé et au dévouement sans bornes de l'un des officiers supérieurs de la garnison, M. le commandant Lafont, major au 14ᵉ chasseurs. Déjà les garnisons d'Auch et de Mirande possèdent deux bibliothèques importantes, soit par le nombre, soit par le choix des ouvrages.

M. Solon recommande l'œuvre et sollicite du Congrès un témoignage de sympathique reconnaissance envers le dévoué commandant.

L'Assemblée accueille avec bonheur la motion de M. J. Solon et, par des applaudissements répétés, elle remercie M. Lafont, que l'on aperçoit dans la salle, à côté de M. le capitaine Belvèze.

M. le président Du Bic adresse encore à l'honorable officier quelques paroles de reconnaissance, au nom des membres du Congrès et au nom de tous les pères de famille.

M. V. Candelon, avoué à Lectoure, déplore l'état précaire des conférences de Saint-Vincent de Paul dans le diocèse. Elles ne se recrutent plus, elles languissent et menacent de s'éteindre peu à peu, faute d'un lien commun. Il propose de rétablir le Conseil central du département, siégeant à Auch. Il demande à l'Assemblée de prier Mᵍʳ l'Archevêque qu'il daigne favoriser cette mesure. Il suffirait de provoquer à Auch une réunion, qui se formerait par l'envoi d'un délégué choisi par chacune des conférences existantes. Il conjure encore Monseigneur d'agir auprès des vénérables curés, afin que ceux-ci, étudiant les statuts de la Société, et s'inspirant de leur esprit, veuillent rétablir des rapports plus fréquents avec les conférences, assister de temps en temps aux réunions, et réchauffer par leurs paroles et leurs conseils le zèle des différents membres.

La motion de M. Victor Candelon est unanimement approuvée, et le Congrès la recommande humblement et instamment à Mᵍʳ l'Archevêque, qui lui fait le meilleur accueil.

M. l'abbé Du Moulin insiste encore dans ce sens. Il demande qu'on travaille à la diffusion des conférences et à les établir dans chaque localité où leur existence est possible. Il désire dans ce but une entente commune des sept diocèses du Sud-Ouest, entente qui serait préparée par Mgr l'Archevêque d'Auch, et dont NN. SS. les Évêques seraient le lien.

M. De Bordes exprime le vœu que les rapports présentés à l'Assemblée soient livrés à l'impression.

M. l'abbé Du Moulin de Labarthète lit le rapport suivant :

« La commission que vous avez nommée pour étudier le projet d'un congrès régional concernant les œuvres catholiques a tenu sa séance aujourd'hui, sous la présidence de M. l'abbé Martial, vicaire général de Bordeaux.

» Après un exposé succinct de la question donné par M. Du Bic, sur la demande de M. le Président, la commission a admis à l'unanimité l'opportunité et l'utilité d'une *commission régionale,* reliée de cœur et d'âme au Bureau central de l'Union.

» Cette commission régionale, selon les désirs émis, se formera et se tiendra à Auch, sous la présidence de Mgr l'Archevêque.

» La commission a exprimé le vœu et nous le déposons aux pieds de Sa Grandeur, pour qu'Elle daigne écrire à NN. SS. les Évêques des sept diocèses de la région du Sud-Ouest, pour les engager à former dans leurs diocèses respectifs un bureau chargé de correspondre avec la *commission régionale.*

» Un projet d'organisation définitive sera élaboré dans la *commission régionale* et remis aux bureaux diocésains ou aux représentants de l'œuvre dans ce diocèse, à défaut de bureaux diocésains.

» Les bureaux diocésains ou les représentants de l'œuvre devront renvoyer le projet à la *commission régionale,* avec les observations qu'ils auront cru devoir y ajouter. La *commission régionale* reste libre d'user de ces remarques, si elles lui semblent utiles.

» La commission insiste pour que NN. SS. les Évêques de la région que doit embrasser le congrès régional, et le Comité central de l'Union, dont elle ne veut se séparer à aucun prix, soient officiellement informés de la création de la *commission régionale.* »

L'Assemblée adopte le rapport.

M. l'abbé Desbons demande la parole pour insister auprès de l'Assemblée sur le principe, éminemment chrétien, des Bibliothèques militaires du Gers. Elles sont la propriété du département, administrées par un Comité dont le général a la présidence et dont fait partie Mgr l'Archevêque. Le Comité a su se mettre à l'abri des propositions du Comité Franklin et de la Ligue d'enseignement. M. l'abbé Desbons montre par des faits sensibles le bien que produisent déjà les deux bibliothèques d'Auch et de Mirande.

L'Assemblée applaudit à ces paroles.

M. Du Bie propose, au nom de M. l'abbé Candelon, économe du Grand-Séminaire d'Auch, un pèlerinage à Lourdes, uniquement composé des hommes du Gers. Il entre dans des explications qui en montrent la facilité. Ce pèlerinage aurait lieu du 15 au 30 juin 1875.

Cette proposition est adoptée.

M. l'abbé Martial demande trois salves d'applaudissements en l'honneur de M. le Président du Congrès, dont tous les membres ont si hautement apprécié le tact parfait et la chevaleresque courtoisie dans la direction des débats.

On répond par trois salves d'applaudissements chaleureux.

M. Lavergne, de Castillon-de-Batz, propose une retraite annuelle pour les hommes de la classe dirigeante. Elle durerait deux ou trois jours et se tiendrait au Grand-Séminaire, au commencement de septembre. On consacrerait quelques séances à l'étude, à la propagation, à l'établissement des œuvres ouvrières. Ce projet rencontre une approbation unanime.

M. le commandant Lafont demande la parole pour remercier l'Assemblée de la sympathie qu'elle montre à l'œuvre des Bibliothèques militaires du Gers. Plus de trois mille volumes ont été réunis, qui avec l'aménagement du local représentent un capital de près de 30,000 francs : peu de dons en argent, 8 ou 9,000 francs au plus, mais dons de livres, venus de toutes les classes de la société. Il proclame le concours indispensable qu'il a rencontré chez le clergé. Grâce à des efforts généreux, le Gers se trouve doté d'une institution unique. M. Lafont voudrait en doter la France entière. Il dit la sévérité que l'on doit apporter dans le choix ou dans l'acceptation des livres. La propagande protestante fait l'impossible pour introduire ses produits dans toutes les casernes. Aussi un comité de surveillance est nécessaire. Si l'œuvre a si bien réussi à Auch, c'est qu'on a pris toutes précautions et qu'on en a fait la propriété du département.

Ces paroles sont chaleureusement applaudies.

Le R. P. De Ribens, invité à prendre la parole, dit que les observations qu'il se proposait de faire en faveur des patronages et des cercles d'ouvriers ont été éloquemment présentées par les directeurs d'œuvres qui se sont adressés à l'Assemblée dans les séances précédentes. Il ajoute un mot pour recommander aux patrons et aux bienfaiteurs des œuvres ouvrières la visite des familles auxquelles appartiennent les jeunes ouvriers. De ces rapports fréquents avec les familles résultent d'inappréciables avantages.

Sur l'invitation de M. le Président, le R. P. Duboé, de Notre-Dame de Lourdes, consent à dire quelques paroles. Il est enchanté du Congrès et il en sort avec la température des cœurs les plus chauds. Il voudrait qu'on répandit le Congrès au loin, et qu'il y eût comme des *commis-voyageurs* du zèle et de la charité, qui allassent porter partout l'esprit du Congrès. Il désirerait la réunion d'un congrès plus nombreux.

Monseigneur ne croit pas nécessaire un congrès très-nombreux. Il en a pour preuve les travaux féconds du Congrès actuel. Il accueille l'idée d'un congrès qui aurait deux séances par jour, et pendant lequel on ferait la retraite d'hommes proposée par M. Lavergne.

M. de Pichard donne lecture d'une proposition que le Conseil général des six patronages de la ville de Bordeaux désirerait voir prise en considération par l'Assemblée.

Chambres et tables de famille. — Peu de villes du Midi ont, croyons-nous, des hôtelleries chrétiennes. Elles ne paraissent même pas pouvoir être fondées avec succès, en dehors des grands centres manufacturiers. Mais, ménager dans des familles d'ouvriers chrétiens, que nous pouvons arriver à connaître par l'intermédiaire de nos confrères de Saint-Vincent de Paul, une chambre, une place à la table commune, pour des apprentis ou des ouvriers de passage ou sans parents, c'est rendre un double service et aux patronnés et à ceux qui les accueilleraient.

Nous formulons le vœu que les conférences de Saint-Vincent de Paul dressent à cet effet des listes qui, dans chaque ville, seraient à la disposition du conseil des patronages.

Cette proposition du Conseil général des patronages de Bordeaux est adoptée.

M. l'abbé Vivent exprime le désir que les vœux et les œuvres du Congrès soient, par l'intermédiaire du R. P. Duboé, déposés aux pieds de Notre-Dame de Lourdes.

Mgr l'Archevêque annonce qu'il se propose de déposer aux pieds du Saint-Père les sentiments de profonde vénération et de filiale et absolue obéissance qui animent le Congrès envers le Vicaire de Jésus-Christ, et il espère obtenir pour chacun de ses membres une bénédiction spéciale, qui sera le meilleur encouragement dans leurs généreuses entreprises. Sa Grandeur demande de terminer le Congrès par une prière pour le Saint-Père.

Cette proposition est accueillie par des acclamations et par les cris répétés de : « Vive Pie IX! »

Monseigneur récite à haute voix le *Pater* et l'*Ave* et lève la séance, qui est la dernière, à neuf heures et demie.

Le secrétaire du Congrès,
Henry MARQUET.

—

A l'issue de la séance, tous les membres se rendent à la chapelle du Grand-Séminaire. M. l'abbé Marquet expose le Saint-Sacrement, et Mgr l'Archevêque, assisté de M. l'abbé Martial et de M. l'abbé Mortera, entonne le *Te Deum*. Après le *Tantum ergo*, Sa Grandeur donne la bénédiction du Très-Saint-Sacrement, et la cérémonie se termine par le chant *Ecce quam bonum*.

Nous avons publié ce Compte-Rendu, d'abord parce que la chose nous a paru en valoir la peine, et en second lieu parce que la demande en a été faite formellement en séance générale. Ce travail est forcément incomplet; il se compose des procès-verbaux, auxquels nous nous sommes fait un devoir de ne rien changer, et des quelques additions qu'il nous a été possible de faire. Nous avions de bons secrétaires; mais un secrétaire n'est pas un sténographe. Aussi avions-nous recommandé aux différents orateurs qui ont pris la parole dans le cours des séances de laisser au secrétariat au moins la substance de leurs discours. Si donc on trouve ici des lacunes regrettables, la faute ne doit pas nous en être imputée.

RAPPORT DE M. L'ABBÉ MAGENTIE

BUREAU DIOCÉSAIN — SON IMPORTANCE — SA MISSION — SON ORGANISATION

MONSEIGNEUR, MESSIEURS,

Vous n'attendez pas, et vous avez raison, que dans ce court Rapport j'aborde le domaine de la théorie. La première question indiquée dans notre programme demande à être traitée d'une manière et dans un but tout à fait pratiques.

Pour montrer l'importance et, pour mieux dire, la nécessité du Bureau diocésain, il n'y a qu'à indiquer sa mission et à exposer son organisation dans les diocèses déjà nombreux où il est établi. Permettez-moi de vous dire tout d'abord que l'un des vœux les plus ardents exprimés dans les congrès généraux de l'Union des Associations ouvrières catholiques, c'est de voir tous les diocèses de France dotés de ces Bureaux, qui sont un des moyens les plus efficaces pour la propagation des œuvres ouvrières catholiques.

Je définirai le Bureau diocésain une commission active chargée de susciter dans le diocèse la fondation d'œuvres nouvelles, de relier et d'unir entre elles les œuvres déjà fondées, pour leur offrir l'échange mutuel de leur expérience, avec tous les avantages attachés à l'association et à la coopération.

Ainsi défini, qu'il soit utile et même nécessaire d'avoir un Bureau diocésain là où on veut réellement provoquer un mouvement catholique dans la classe ouvrière, qui ne le voit et ne le comprend? Si personne n'est chargé ou ne se charge d'une bonne œuvre, personne ne la fait. Tout le monde, hélas! fait l'œuvre de Satan sans mandat et sans mission particulière; personne ne fait l'œuvre de Dieu au milieu des autres, s'il n'est spécialement envoyé pour cela. Il est donc nécessaire qu'un groupe d'hommes zélés et connaissant les œuvres soit formé et reçoive de celui qui représente au milieu de nous l'autorité de Dieu la mission d'exciter, sur les divers points du diocèse, le zèle de ceux qui peuvent travailler à y fonder des œuvres, la mission de leur fournir les indications nécessaires et au besoin leur dévouement et leur concours actif.

Sans cela, Messieurs, les œuvres ne peuvent être que lentes à se former, si tant est qu'elles se forment sur bien des points où elles seraient sinon nécessaires, du moins fort utiles. Lentes à se former, elles seront plus lentes encore à prospérer et à porter des fruits. Sans le Bureau diocésain, elles seront toujours isolées, et, pour les œuvres comme pour les individus, l'isolement c'est la mort. Il faut donc des hommes avec mission de prendre l'initiative pour fonder les œuvres, et pour les œuvres fondées elles-mêmes il faut un centre de secours et d'union.

Mais il est des choses qui se passent de démonstration. Les faits sont souvent plus éloquents que des expositions de principes. Dans le diocèse de Nancy, par exemple, qu'est-ce qui existerait en fait d'œuvres sans le Bureau diocésain? Probablement peu de chose, à peu près rien encore que des projets. Et cependant, grâce à ce Bureau modèle établi seulement depuis trois ans, il y a, tant dans les villes que dans les campagnes de ce diocèse, quarante œuvres nouvelles, dont quelques-unes peuvent être offertes en modèle à tous. Qu'est-ce qui existerait aujourd'hui en France, en fait d'œuvres ouvrières, sans le Bureau central de l'Union, chargé de les provoquer et de les unir? Et, à l'heure qu'il est, plus de neuf cents œuvres sont agrégées à l'Union. Qu'est-ce qui existerait, en fait de cercles catholiques, sans le Comité de Paris, chargé de les propager et de les maintenir dans leur admirable unité? Et plus de quatre-vingts cercles répandent aujourd'hui dans toute la France leur catholique influence sur plus de dix mille ouvriers.

Ainsi, toujours il faut quelqu'un chargé de prendre l'avant-garde du mouvement et de réveiller l'ardeur des catholiques. C'est là la mission du Bureau diocésain. Il est pour le diocèse ce que le Bureau central de l'Union et le Comité des Cercles catholiques sont pour la France entière : un foyer d'action et d'impulsion, un centre de renseignements, le pivot et le lien moral de toutes les œuvres ouvrières du diocèse. Uniquement occupé de ces œuvres, il ne s'ingère en rien dans les affaires diocésaines ; et, quant à ces œuvres mêmes, il n'entend aucunement leur imposer ni méthode ni règlement ; mais, leur laissant leur complète autonomie et leur libre indépendance, il travaille uniquement à les propager, à les aider et à les unir. N'est-ce pas suffisant pour montrer l'importance et la mission du Bureau diocésain ?

Mais il est une difficulté réelle dans la création de ce Bureau, ce sont les préjugés qui font redouter en cela une œuvre nouvelle nuisible aux autres par l'action ou l'influence qu'elle semble devoir exercer sur elles. Non, Messieurs, c'est tout le contraire qui doit en résulter. Loin d'être nuisible à quelque autre œuvre, le Bureau diocésain est à la disposition de toutes, et n'exerce sur elles d'autre action que celle qu'on lui demande. Sa devise est celle de l'Union : la liberté dans la charité, et la charité dans la liberté ! Cela d'ailleurs ressort nettement de sa mission, et ressortira plus nettement encore de son organisation.

Pour l'organisation du Bureau diocésain, il n'y a pas de règle tracée. Après que les premiers ont été formés, leur expérience seule a pu guider dans la formation des autres. Or, cette expérience a conduit à établir les bases générales qu'il est utile d'exposer ici.

Le nombre des membres composant le Bureau diocésain n'est pas limité. Si ce nombre est grand, le Bureau y gagne en influence au dehors, en force morale vis-à-vis de lui-même ; mais il y perd en activité et en unité. Un Bureau composé de quatre ou cinq membres dévoués et actifs peut obtenir, semble-t-il, des résultats plus grands et d'une portée plus sérieuse. La présidence du Bureau diocésain est dévolue de plein droit à l'autorité épiscopale. Monseigneur le préside personnellement ou par un délégué spécial. Là où il y a un comité catholique établi, il est naturel et opportun de ne pas constituer à part un nouveau groupe et de choisir les membres du Bureau dans le sein du comité. Dans ce cas, le Bureau diocésain n'est qu'une section spéciale du comité catholique. Ainsi le Bureau est assuré dès sa naissance de la sympathie et du concours d'un nombre respectable de catholiques, de tous les membres du comité.

Habituellement sont appelés à composer le Bureau les ecclésiastiques et laïques qui déjà travaillent dans la voie qu'il s'agit d'élargir, et qui peuvent être le plus au courant des œuvres.

Ainsi constitué, le Bureau se procure dans chaque canton un correspondant, par le moyen duquel il étudie le terrain et entre en relation, soit avec messieurs les curés, soit avec les laïques éminents qui peuvent prêter leur concours pour établir telle œuvre appropriée aux besoins de la localité, ou relever telle autre qui tend à tomber en ruines.

Il faut aussi une caisse au Bureau diocésain ; ils en ont une. Le mot est vieux, mais la chose est toujours vraie : l'argent est le nerf de la guerre, et la guerre que nous faisons est terrible, c'est la guerre à la Révolution, à l'Enfer. Cette caisse permet au Bureau de remplir sa mission avec activité et avec plus de fruit ; il peut même venir en aide aux œuvres dont l'indigence compromet le succès et la vie.

Quant aux moyens à employer par le Bureau pour remplir sa mission, susciter des œuvres, alimenter sa caisse, réveiller le zèle des catholiques et obtenir leur concours actif, ces moyens sont nombreux ; mais nous ne pouvons les indiquer ici, le caractère de ce travail ne nous le permet point ; mais ils sont parfaitement indiqués dans l'admirable rapport sur le Bureau diocésain de Nancy, lu par M. Vagner au Congrès de Lyon. Ce rapport, nous le mettons, au nom du Bureau central, à la disposition de tous ceux qui pourraient le désirer.

Je crois, Monseigneur et Messieurs, ma tâche terminée. J'ai essayé de dire l'importance du Bureau diocésain. Il n'était pas nécessaire d'en dire autant, vous étiez convaincus. Voilà la grande et fructueuse mission qu'il est appelé à remplir et les principaux linéaments de son organisation. Il existe à cette heure plus de quarante Bureaux diocésains en France. Organisés fortement, sous la main paternelle de leur évêque, composés des fondateurs et directeurs d'œuvres, des laïques généreux et actifs conjurés pour le bien, et par ses correspondants ayant, dans tous les cantons et sur tous les points du diocèse, des yeux qui voient, des mains qui écrivent, des bourses qui donnent, et surtout des cœurs qui aiment et qui prient. Comme le dit M. Vagner, les Bureaux diocésains font surgir des œuvres qui marchent sans se gêner, sans se suivre, mais dans une sainte émulation, dans un seul et même but, la gloire de Dieu, la régénération de la France et le salut de nos frères.

RAPPORT DE M. LE DOCTEUR GASTARÈDE-LABARTHE

SUR

LES CERCLES CATHOLIQUES D'OUVRIERS

MONSEIGNEUR, MESSIEURS,

Vous avez entendu déjà parler plusieurs fois des Cercles catholiques d'ouvriers.

Hier, M. Du Bie vous a dit comment cette œuvre se proposait d'améliorer à la fois les sommets et les bas fonds de la société, et c'est en effet dans ce but que vous trouvez dans tous les Cercles catholiques *un comité* dans lequel sont invités à prendre rang tous les hommes formant dans une ville ou un village ce que l'on appelle les classes dirigeantes, et *un cercle* dans lequel sont appelés à se grouper tous les hommes composant la classe ouvrière.

Aujourd'hui, M. l'abbé Marceille vous a encore dit quelques mots des Cercles.

Permettez-moi, Messieurs, pour vous donner une idée plus complète de ces œuvres, de vous lire quelques extraits de la belle Monographie présentée au Congrès de Lyon par M. le comte de La Tour du Pin.

« L'œuvre, a-t-il dit, a pour fin le dévouement de la classe dirigeante à la classe ouvrière, — pour principe les définitions de l'Eglise dans ses rapports avec la société civile, — et pour forme le Cercle catholique d'ouvriers.

» 1° *But de l'OEuvre.* — La classe élevée, en nourrissant la philosophie subversive du dix-huitième siècle et en lui abandonnant la tutelle des classes populaires, est restée responsable du désordre qui a gagné ces classes et menace aujourd'hui de ruiner la patrie. Si sommaire et sujet à exceptions que soit ce jugement de l'histoire, il n'en blesse pas moins nos cœurs et nous fait un devoir d'honneur autant que de religion de chercher dans le dévouement au peuple une réhabilitation, si ce n'est un pardon.

» Les exemples individuels de ce dévouement ne manquent pas; ils sont communs dans les familles où la tradition chrétienne s'est conservée par l'éducation ou bien s'est révélée par grâce personnelle à un esprit cultivé. Mais ces efforts individuels sont restés visiblement insuffisants au salut de la société, parce qu'il leur manque la force de l'association, c'est-à-dire l'essence même de toute action sociale.

» Former dans la classe dirigeante des associations vouées au salut de la classe ouvrière est donc la pensée qui devait naturellement grandir en plusieurs cœurs, au lendemain de nos désastres nationaux.

» De cette pensée surgit la formation des premiers comités pour la fondation des Cercles catholiques d'ouvriers, c'est-à-dire l'association locale, dans un but défini, des hommes de bien, qui n'étaient le plus souvent unis jusqu'à ce jour que par la communauté des intérêts.

» Telle est dans toute sa simplicité le système d'association locale qui constitue l'œuvre des Cercles catholiques d'ouvriers. Au cœur du système, un *comité de l'œuvre* qui en maintient l'esprit et l'unité, sans autre ingérence dans l'association locale. L'association, ainsi constituée, se caractérise par un mode d'action particulier, qui est la division du travail.

» 2° *Esprit de l'OEuvre.* — L'esprit de l'œuvre est un esprit de foi. « Ils ne » doutent de rien », a-t-on dit souvent des premiers fondateurs de l'œuvre. Éloge ou reproche, nous l'acceptons et nous en maintenons la tradition, comme étant tout le ressort de notre action et tout le secret de notre marche rapide.

» Tout d'abord nos esprits, incapables des subtilités de l'école libérale, sont catholiques sans restriction. Ainsi nous ne nous sommes pas engagés dans une œuvre liée à la vie sociale sans être fermement persuadés qu'il existe une doctrine sociale nécessaire et immuable, et que cette doctrine est suffisamment définie par le *Syllabus* des erreurs modernes pour que nul, en s'y référant humblement, coure le risque de faire fausse route et d'égarer ses frères.

» C'est là notre boussole ; quant au flot qui porte notre nacelle et aux souffles qui l'entraînent et paraissent s'en jouer, nous avons la ferme croyance qu'eux aussi obéissent à un maître, et que nul d'entre eux ne se déchaîne ou ne se calme sans sa permission et sans concourir à ses desseins éternels.

» Dès lors nous travaillons toujours comme si nous étions certains de réussir, bien persuadés en effet que nous réussirons s'il plaît à Dieu, quand même cela déplairait à tous les hommes. — Celui qui a voulu se servir de pêcheurs pour évangéliser le monde peut bien employer un instant des capitaines à fonder des Cercles catholiques d'ouvriers ; et nous respectons dans ce misérable instrument que nous sommes un des jeux de sa providence. Aussi nous est-il tout naturel de nous confier au surnaturel : — quand nous sommes endettés, de faire un pèlerinage onéreux ; — quand nous sommes taxés d'intransigence, d'élever le verbe encore davantage ; — et quand tout va bien, de travailler comme si nous étions en péril extrême ; — puis, quand nous avons bien travaillé et mal réussi, de recourir tous ensemble au grand moyen, à la prière.

» Tel est l'esprit qui nous a rassemblés, et grâce auquel notre première réunion ne fut pas employée à disserter, mais à adresser au Saint-Père l'expression de notre résolution, afin qu'il la sanctionnât en la bénissant. En même temps nous contractâmes ensemble un *lien religieux*, qui, consistant en une prière quotidienne et une communion annuelle aux intentions de l'OEuvre, nous assurât la grâce de la persévérance en même temps que l'accord sincère de nos futurs confrères.

» Le Saint-Père daigna nous bénir, et nous nous mîmes aussitôt en marche. Mais pas une étape de cette route ne se fit dans l'étendue d'un diocèse sans que l'autorité épiscopale eût daigné également agréer notre hommage, ni sur le terrain d'une paroisse sans que le curé eût bien voulu accepter la présidence d'honneur de nos fondations. Enfants soumis et dévoués de l'Eglise, nous ne comprendrions pas que l'on pût la servir en dehors de son admirable constitution. — Néanmoins nous ne nous interdisons pas d'implorer souvent près de la Nonciature apostolique et même en cour de Rome les faveurs spirituelles qu'aime à nous prodiguer de sa main auguste le Père commun des fidèles. C'est à ce tendre et filial respect pour la personne du Souverain-Pontife que nous sommes redevables de la pensée d'avoir brigué et de la faveur d'avoir obtenu pour notre œuvre l'honneur d'entrer dès le berceau dans cette grande union des œuvres ouvrières catholiques, présidée par un prélat de la maison du Saint-Père, champion unique de la cause dont il porte un titre révéré.

» 3° *Forme de l'OEuvre.* — Le Cercle catholique d'ouvriers est la forme de l'œuvre dont les deux titres précédents ont retracé la fin et l'esprit. — Comment nous fut inspirée cette forme? — Par la détresse dans laquelle se trouvait un de ces Cercles, le type unique qui existât il y a trois ans. Le Cercle de jeunes ouvriers établi au boulevard Montparnasse, ce chef-d'œuvre collectif de tant de forces religieuses et sociales, était menacé de ruine, lorsque l'inspiration vint à son éminent directeur de faire appel au concours de jeunes hommes qui n'y avaient aucun titre et n'y offraient aucune ressource. Mais nos désastres nationaux avaient fait naître en eux l'aspiration à servir la cause catholique. La miséricorde divine nous frappa ainsi d'un trait de lumière : le besoin d'association était compris, le terrain d'action était trouvé !

» Les résultats acquis par la création des Cercles catholiques d'ouvriers peuvent s'indiquer ainsi qu'il suit : les quatre-vingts Cercles que l'œuvre a ouverts jusqu'à ce jour emploient l'activité d'environ deux mille de leurs membres dirigeants, et tiennent préservés de la corruption environ douze mille ouvriers chrétiens. Tous ces hommes s'honorent du même nom, ils se réunissent dans les solennités sous la même bannière, la bannière qui porte l'emblème de l'œuvre : la croix victorieuse et la devise du labarum. Les pèlerinages, les processions, les assemblées solennelles, les réunions intimes, les joyeux banquets eux-mêmes, voient défiler ces cadres, flotter ces bannières, briller les insignes d'une véritable milice catholique ; et l'ennemi, ce cruel et lâche ennemi, le respect humain, en a déjà reculé; l'esprit de révolution s'en émeut, la France chrétienne s'en réjouit, et nous pouvons lui demander d'inscrire notre jeune phalange à l'avant-garde du mouvement catholique. »

Telle est, Messieurs, en un résumé aussi succinct que possible, la Monographie de M. de La Tour du Pin. — Permettez-moi maintenant, pour répondre au désir de quelques-uns d'entre vous, de vous exposer d'une manière pratique comment on doit procéder pour fonder un Cercle catholique d'ouvriers.

Dans toute localité où l'on voudra fonder un Cercle catholique, il faudra tout d'abord réunir un certain nombre d'hommes décidés à poursuivre le but de l'œuvre tel qu'il a été exposé; puis, le groupe — ne serait-il que de quatre — devra, pour aller au-devant des objections et des prétextes d'impossibilité, se constituer en comité local et à cet effet nommer : un président, un vice-président, un trésorier, un secrétaire. Les autres membres présents et ceux qui adhèreront plus tard seront simples membres du comité.

Séance tenante, tous les membres du nouveau comité signent l'acte d'adhésion, selon la formule prescrite. Le secrétaire adresse cette adhésion au secrétaire général de l'œuvre, 17, quai Voltaire, qui, en réponse et par l'intermédiaire du secrétaire de la zone intéressée, envoie au comité de la ville de *** tous les documents ainsi que les clichés et le cachet de l'œuvre.

Au moyen de ces indications, le nouveau comité pourra marcher sûrement; il aura toutefois soin de se réunir hebdomadairement et d'adresser un rapport mensuel au secrétaire général.

Le comité organisé, et, son but essentiel étant la création d'un cercle, il devra immédiatement procéder à cette fondation, et pour cela, après s'être divisé en quatre sections, pendant que la première fera de la propagande, que la troisième se procurera des finances, que la quatrième préparera l'enseignement, la deuxième section se hâtera d'utiliser tous ces efforts en fondant le Cercle.

Mais, à ce moment, le comité local aura reçu toutes les instructions nécessaires; je n'ai par conséquent qu'à indiquer les dispositions les plus essentielles.

Il faudra s'assurer du concours de Mgr l'Archevêque, qui certainement ne fera point défaut et voudra bien désigner un aumônier pour le futur Cercle. Il faudra aussi obtenir l'autorisation préfectorale : elle vous sera accordée. Il faudra encore se préoccuper du choix d'un local, qui devra offrir tout ce qui est nécessaire au bien-être, aux divertissements, à la pratique religieuse, et réunir un noyau d'ouvriers bien connus, qui formeront les premiers sociétaires du Cercle. Vous n'aurez point à vous préoccuper de leur petit nombre. Ouvrir toutes grandes les portes du Cercle à son début, c'est vouloir y introduire le désordre. Les demandes d'admission arriveront peu à peu.

Mais ce qui devra attirer toute votre attention, éveiller toute votre sollicitude, c'est le choix d'un directeur.

Le directeur est la grande autorité du Cercle, le trait d'union entre le Cercle et le comité, dont il fait partie de droit. Doit-il être prêtre ou laïque? On peut répondre que le principal est d'en avoir un dévoué, et très-souvent M. l'aumônier pourra remplir avantageusement ces fonctions.

Tous ces préparatifs terminés, on ouvrira le Cercle aussi solennellement que possible, en ayant soin que toujours l'affirmation catholique soit complète et constante. Le Cercle, une fois ouvert, devra vivre d'une existence indépendante; il s'administrera lui-même, il nommera ses dignitaires et fournira à chacun de ses membres un *livret-diplôme* qui établit entre tous les ouvriers qui en sont titulaires le lien commun d'une association chrétienne, et qui est à la fois un titre d'honneur et un témoignage, un signe de ralliement et un moyen de circulation, une force morale et un secours matériel.

C'est ainsi, Messieurs, que nous avons agi à Fleurance. Notre vénéré doyen, M. l'abbé Ducam, cherchait depuis longtemps un moyen d'action religieuse sur les hommes de sa paroisse, et cette préoccupation faisait souvent le sujet de ses entretiens avec M. l'abbé Magentie. Un jour, ils eurent occasion de lire le compte-rendu de l'inauguration d'un Cercle catholique d'ouvriers à Marseille. Cette œuvre leur parut de tous points remplir le but de leurs désirs, et M. l'abbé Magentie s'adressa au comité de l'œuvre pour avoir des renseignements, qui lui furent adressés avec la plus grande bienveillance et aussi le plus grand zèle par M. le capitaine de Langalerie, secrétaire général pour la zone du Sud-Ouest.

D'un autre côté et dans le même temps, M. le docteur Desponts, le premier à qui M. l'abbé Magentie communiqua ses desseins, M. le docteur Desponts, pendant un voyage à Paris, eut la bonne fortune de pouvoir assister à l'assemblée générale annuelle.

A son retour, la fondation d'un Cercle catholique fut résolue.

Douze hommes répondirent à l'appel de M. l'abbé Magentie. Dès que le but et les moyens de l'œuvre leur eurent été communiqués, ils se formèrent en comité et signèrent l'acte d'adhésion.

M. l'abbé Magentie, naturellement désigné comme devant être le directeur du futur Cercle, s'occupa activement de ses nouvelles fonctions, et, grâce à ses soins, le Cercle put être ouvert le 19 juillet.

Mais, avant de se rendre dans le local qui avait été préparé, les membres du comité et les jeunes gens qui devaient former les premiers sociétaires du Cercle se rendirent à l'église pour se placer sous la protection de Dieu et faire bénir solennellement leur bannière.

Depuis lors, malgré le peu de temps écoulé, les résultats sont déjà apparents.

Le Cercle, d'abord mal accueilli par une partie de la population, qui ne lui ménageait certes pas ses quolibets et ses risées, est devenu peu à peu plus sympathique. Plusieurs pères de famille, qui peut-être avaient souri au moment où nous nous rendions à l'église, sont venus nous demander d'admettre leurs fils parmi nous.

Le nombre des sociétaires s'est ainsi augmenté, et ceux qui dans le début ne paraissaient que rarement au Cercle y sont devenus plus assidus.

Bientôt enfin chacun de nos jeunes gens recevra un livret-diplôme qui, en confirmant son titre, lui servira, le jour où il partira pour les grands centres, de lettre d'introduction dans tous les Cercles catholiques.

Là il retrouvera, avec les facilités matérielles de la vie, de bons camarades, de bons conseils, de bons exemples, qui, nous l'espérons, l'empêcheront de se perdre au milieu des masses ouvrières corrompues.

Quant à ceux qui resteront au milieu de nous, ils deviendront bientôt des hommes, et, usant alors d'une influence qu'ils ne peuvent encore avoir sur leurs camarades, ils formeront un noyau autour duquel viendront sans cesse s'ajouter de nouvelles recrues.

Tels sont les résultats que nous espérons obtenir par le Cercle. Par le comité, ils sont encore peut-être plus sensibles, et je puis vous assurer que le but des premiers fondateurs a été pleinement rempli.

Nous nous améliorerons nous-mêmes en cherchant à rendre les autres meilleurs. Vous ne sauriez vous faire idée, Messieurs, de l'ardeur que l'on apporte à la propagation des œuvres catholiques, une fois que l'on s'est engagé dans cette voie. Je ne puis en avoir de meilleure preuve que le zèle et le dévouement dont nous nous sentons entourés dans nos rapports avec les membres du comité de l'œuvre, et particulièrement avec notre nouveau secrétaire du Sud-Ouest, que j'aurais fortement désiré amener au milieu de vous, mais que de nombreuses occupations retiennent à Toulouse.

J'ai encore un nouveau témoignage de cette ardeur, que l'on a osé appeler un apostolat laïque, dans le soin que nous mettons tous à trouver de nouveaux membres pour notre comité, et je suis heureux de constater que nos efforts n'ont pas été vains. Dimanche dernier, nous avons recueilli quatre nouvelles adhésions, et si vous voulez bien songer aux obligations que s'imposent les membres du comité, et surtout au lien religieux qu'ils contractent, vous comprendrez qu'ils ont fait toute autre chose qu'un acte de complaisance.

Il est enfin, Messieurs, une dernière preuve que je ne puis passer sous silence, quoique je sois obligé de vous parler de moi; mais je dois cependant me l'avouer à moi-même : il faut que l'entraînement soit bien grand et aussi la grâce de Dieu bien puissante, pour que j'aie osé pour la première fois prendre la parole dans une réunion aussi éclairée, aussi nombreuse et, je dois l'ajouter en vous remerciant, aussi bienveillante.

RAPPORT DU P. MORTERA

LES SOCIÉTÉS DE SECOURS MUTUELS

La Révolution de 93, qui a apporté tant de ruines physiques et morales dans notre pays, a également renversé les corporations ouvrières du moyen-âge. Ces corporations n'étaient autre chose que des Sociétés de secours mutuels formées par le christianisme pour venir au secours spirituel et corporel du pauvre ouvrier. Lorsque la maladie, la souffrance ou le malheur visitaient un membre de la Société, les dignitaires s'empressaient de lui procurer tous les secours spirituels et corporels que sa position réclamait.

La Révolution a tout emporté, mais elle n'a rien fait, ou presque rien, pour relever ces ruines. L'ouvrier se trouvant isolé, sans secours, sans appui, on a imaginé, pour venir à son secours, des sociétés philanthropiques. Mais la charité chrétienne n'y est pas connue; le prêtre ordinairement en est écarté; plusieurs n'ont aucun caractère religieux. Ne serait-il pas possible de donner à ces sociétés un caractère qui les distinguât d'une société païenne?

Les ouvriers sont meilleurs qu'on ne le pense généralement. Approchez-vous de ces hommes, touchez ces mains calleuses, durcies par le travail, et vous trouverez, sous des dehors quelquefois un peu rudes, des sentiments que vous n'auriez pas soupçonnés.

Mettons la main à l'œuvre, prêtres et laïques, ne laissons pas aux sociétés de la Franc-Maçonnerie, de l'Internationale la triste mission de perdre nos bons ouvriers.

Il faut proposer aux Sociétés de secours mutuels, par l'intermédiaire du bureau qui les régit, d'ajouter quelques articles religieux à leur règlement, par exemple d'assister à la messe en corps quatre fois par an, de remplir les devoirs religieux au moins à Pâques, sans cependant en faire une condition d'exclusion, de célébrer solennellement, comme on le fait en France dans les œuvres et dans les cercles catholiques, la fête du Patronage de Saint-Joseph.

Plusieurs Sociétés accepteront cette proposition, d'autres ne l'accepteront pas.

Dans ce dernier cas, pourquoi ne pas former une nouvelle Société, composée d'hommes profondément catholiques? Il ne sera pas difficile de leur donner un règlement religieux.

Il y a environ deux ans, douze hommes se réunissaient à Auch dans une salle pour former une Société catholique de secours mutuels, sous le vocable de Saint-Joseph. Ils promirent de gagner leur pâque, d'assister à la messe, en corps, quatre fois par an, et de célébrer solennellement, chaque année, la fête du Patronage de Saint-Joseph. La petite Société s'est développée. Aujourd'hui, elle compte plus de cent membres actifs et plus de cinquante membres honoraires.

En terminant ces mots, j'ose proposer au Congrès d'émettre les vœux suivants :

1° De proposer aux Sociétés de secours mutuels d'ajouter à leur règlement quelques articles religieux;

2º De former de nouvelles Sociétés là où l'on ne voudrait pas accepter cette proposition;

3º De proposer aux sociétaires, sans en faire une condition d'exclusion, de remplir les devoirs religieux au moins à Pâques;

4º De célébrer solennellement la fête du Patronage de Saint-Joseph.

***

RAPPORT DE M. L'ABBÉ MAGENTIE

SUR

LES CONFÉRENCES PUBLIQUES

MONSEIGNEUR, MESSIEURS,

Parmi les œuvres qui répondent le plus aux besoins si pressants de notre époque, il faut placer les Conférences ouvrières. Les Assemblées générales des Comités catholiques, les Congrès généraux de Poitiers, de Nantes et dernièrement de Lyon ont insisté sur l'utilité de ces Conférences, et ont donné à ce sujet des conseils qui ont déjà produit les résultats les plus encourageants.

Bien que jusqu'ici les Conférences ouvrières et les cours publics n'aient guère été organisés sérieusement que dans les grands centres, en tenant compte de la différence des chiffres de population, les besoins ne sont guère moindres dans nos petites villes que dans les moindres cités. Est-il nécessaire d'insister sur l'utilité des Conférences publiques pour nos populations? Ne serait-il pas superflu de chercher à prouver combien dans nos petites villes, soit par préjugé, soit par indifférence, soit par respect humain, on s'éloigne chaque jour de plus en plus de l'église, on perd peu à peu tout esprit chrétien, et on finit par oublier les vérités même imposées par la raison et les premiers principes de la morale? Le nombre en va croissant chaque jour, et si bien, hélas! qu'au point de vue de l'esprit chrétien et religieux, tout le monde s'accorde à dire que depuis trente et même vingt ans, la plupart de nos villes sont devenues méconnaissables. Il ne faut pas se le dissimuler : dans bon nombre de nos petites villes et cantons, les hommes qui vont à la messe ne sont que l'exception; la majorité, hélas! n'entre guère plus à l'église qu'à la suite des convois funèbres. On n'y fait pas attention, quand on les regarde de loin; mais quand on les compte de près, on est effrayé et l'on frémit de les trouver aussi nombreux. Et voilà ces hommes, et voilà même déjà beaucoup de femmes, qui jamais n'entrent à l'église, qui jamais n'entendent ni la prédication du prêtre, ni une parole bonne et saine, et qui chaque jour, à l'atelier, au café et presque partout, entendent et redisent à satiété les choses les plus affreuses sur la religion, sur les prêtres, sur l'autorité et sur tout ce qui est bon dans le monde. Comment arriver jusqu'à eux pour les éclairer et les instruire? Faire venir à la paroisse un prédicateur éminent et populaire; c'est à l'église qu'il parle : beaucoup n'iront pas l'entendre; quelques-uns, attirés par la curiosité, y viendront peut-être; mais, pleins de préjugés contre la parole de Dieu, ils n'en retireront aucun fruit.

On a donc cru qu'il était urgent d'ouvrir des lieux de réunion qui ne soient ni un club ni une église, où l'on puisse traiter plus librement des questions dont l'énoncé seul est déjà un appât friand pour le grand nombre, et où le peuple, gâté par tant de mauvaises doctrines, trouve ce qu'il rencontre trop rarement, loin de l'église : une parole saine et éclairée, pour satisfaire son intelligence toujours avide, et une morale honnête et chrétienne qui réveille dans son cœur de nobles aspirations. C'est là le but de la mission que sont appelées à remplir les Conférences ouvrières publiques.

Les grandes villes ont donné le mouvement. À Paris, pendant l'hiver 1873, le Conseil de Jésus-Ouvrier fit faire des Conférences dans les quartiers les plus populeux. Ce premier essai réussit au-delà de ce qu'on avait osé espérer, et ne permit pas le découragement. L'année suivante, on revint à l'assaut, et l'on arriva enfin à conquérir ce public ouvrier dont l'attention avait été éveillée par les premières tentatives. Aujourd'hui, partout où s'affirme l'apostolat catholique, on se propose de recourir à ce moyen, qui semble promettre les plus heureux fruits.

Il ne faut pas se le dissimuler : pour réussir, il y a bien des difficultés à vaincre ; mais elles sont d'une nature telle, qu'une volonté persévérante en peut encore venir à bout. Voici comment on s'y est pris en bien des endroits et comment, selon nos moyens, nous espérons pouvoir nous y prendre, à Fleurance, où le comité du Cercle catholique s'est déjà occupé de cette question.

La salle trouvée et le conférencier prêt, des lettres nominatives d'invitation sont envoyées par centaines et des affiches placardées en assez grand nombre. On ne se fait pas faute de traiter le tout de clérical ; mais le public est toujours nombreux le jour de la première réunion.

Dans son discours d'ouverture, le conférencier déclare à cet auditoire, d'ennemis peut-être, d'indifférents à coup sûr, que nous venons à eux loyalement, sans calcul, pour les faire participer à ce que nous croyons être la vérité et le bien ; que, sans leur faire le catéchisme, nous désirons étudier avec eux quelques-uns des points les plus intéressants de l'histoire, des sciences, de l'économie sociale et domestique, mais que nous sommes et que nous resterons avant tout des catholiques. Quant à la politique, elle est tout à fait loin de notre pensée.

La franchise de ces premières déclarations désarmera souvent les plus hostiles, et, malgré quelques murmures et quelques interruptions, dont l'orateur sait souvent tirer habilement parti, Dieu permet que l'on sorte vainqueur de cette première soirée, qui est quelquefois décisive. L'ouvrier, qu'avait attiré la curiosité ou peut-être un sentiment hostile, revient parce qu'il a été étonné par ces préambules, et intéressé peut-être par la Conférence qui les a suivis. Il revient une seconde, une troisième fois. On a reconnu que, pour réussir, les Conférences doivent avoir, avec la variété, un lien qui les rattache l'une à l'autre. Elles ne doivent point paraître le produit d'efforts isolés, mais bien tendant à un but unique. Pour cela, dans chaque ville où l'on établit les Conférences, il est formé un conseil de trois ou quatre membres, et, à la réunion, l'un de ces membres prend la parole avant et après l'orateur. Ne ferait-il que souhaiter la bienvenue au conférencier et inviter les auditeurs à la Conférence suivante, l'expérience a appris que cet appel n'est pas inutile.

Tout ce qui précède, Messieurs, et qui n'est que l'abrégé de ce qui se fait déjà là où les Conférences sont établies, tout cela est suffisant pour caractériser la nature de ce genre d'apostolat. Faites sur des sujets sérieux, scrupuleusement choisis, toujours élevés, par des hommes qui, à l'habitude ou à la facilité de la parole, joignent la science et le talent, les Conférences ne traitent pas exclusivement des questions religieuses. Ce n'est pas, en effet, au pied d'une chaire qu'on appelle l'ouvrier, c'est devant la table du conférencier qu'on l'invite à s'asseoir pour entendre la vérité, qu'on lui sert sous une forme à la fois digne et attrayante. On ne craint pas même d'aborder les questions sociales ouvrières, ainsi que les questions apologétiques et morales, en rapport avec les besoins de nos populations. Les Congrès catholiques ont insisté sur la nécessité de développer dans les populations l'esprit catholique militant, par l'instruction et la polémique sur les questions du jour. Ils recommandent qu'on prenne comme sujets de Conférences publiques les questions sociales actuelles. Le peuple a besoin d'être éclairé sur ces choses pour qu'il puisse soutenir la lutte qu'on livre avec acharnement à son esprit et à son cœur. Par ce moyen encore, le nom de Notre-Seigneur Jésus-Christ, que l'on ne prononce guère plus dans le monde ouvrier que pour le blasphémer, reprend sa place d'honneur dans la langue populaire, les oreilles de l'ouvrier l'entendent prononcer avec respect, la vérité est publiquement affirmée devant des hommes qui n'entendent que des mensonges et qui rougissaient de prononcer en public un mot du vocabulaire chrétien.

Il est vrai que plus le but est grand, plus les fruits à espérer sont beaux, plus grandes aussi sont les difficultés. Il fallait s'y attendre. Les attaques ne peuvent manquer. Il y a peut-être des manifestations hostiles, bruits, rumeurs dans la salle, interruptions. Tel soir, la salle, ordinairement remplie, se trouve complétement vide par l'effet d'un coup monté ou d'un mot d'ordre donné par les sociétés secrètes, que l'on retrouve toujours là où il y a le mal à faire et le bien à combattre. Tous ces obstacles se sont produits à Paris et ailleurs ; mais Dieu protége les siens : ces obstacles sont vaincus, et les Conférences produisent les fruits les plus consolants. Le peuple, désabusé, apprend ce qu'il faut penser de certaines calomnies répandues contre la religion. Il voit que les catholiques peuvent avoir une place d'honneur dans les arts, dans les sciences, dans les lettres. Il sent que des hommes d'une classe qu'il regardait comme ennemie et oppressive se sont rapprochés de lui, sans intérêt, sans arrière-pensée, voulant uniquement pratiquer avec lui la vérité qu'ils ont acquise, et la foi que Dieu leur a donnée. Beaucoup se sont décidés à faire partie des associations catholiques, et plusieurs, touchés par les paroles éloquentes et émues sorties d'un cœur d'apôtre, ont quitté la salle, l'âme complétement changée.

De tels résultats ne sont-ils point faits pour encourager ? Déjà le comité du Cercle catholique d'ouvriers de Fleurance, quoique de création récente, s'est préoccupé de cette question. Il a décidé en principe que, dès qu'une salle assez vaste, dont on s'occupe activement, serait trouvée, il sera donné, par les soins du comité, des Conférences ouvrières publiques à Fleurance.

Les difficultés et les objections soulevées ici contre les Conférences publiques ont été déjà soulevées ailleurs. La nature même de ces Conférences les comporte. Aussi, ayant à traiter cette question, les avais-je prévues, et, pour y répondre, j'ai prié le bureau central de l'Union de vouloir bien me communiquer le procès-verbal de la neuvième commission du Congrès de Lyon, dans laquelle la question des Conférences publiques a été spécialement traitée. J'ai donc résumé simplement ce procès-verbal en les quelques notes que voici, et qui me semblent répondre directement aux diverses questions et objections qui viennent d'être posées à l'Assemblée :

1º *Sujets des Conférences.* — Le Conseil de Jésus-Ouvrier, formé à Paris par les soins et le concours du comité de l'œuvre des Cercles catholiques, a donné deux listes de sujets de Conférences et deux listes de sujets de cours publics, classés en cinq catégories : 1º théologie, philosophie, morale ; 2º histoire ; 3º histoire littéraire ; 4º sciences ; 5º économie sociale, questions ouvrières, droit usuel. A ces listes, le Conseil de Jésus-Ouvrier vient d'ajouter deux nouvelles listes de sujets de Conférences et de cours publics et une liste complète, accompagnée pour chaque Conférence et chaque cours de l'indication des sources auxquelles le conférencier doit remonter. Voilà donc déjà un bon nombre de sujets trouvés, soit pour les Conférences, soit pour les cours publics. S'adresser au comité de l'œuvre des Cercles, Paris, quai Voltaire, 17.

Il résulte des rapports faits aux Congrès généraux de Nantes et de Lyon, sur les Conférences et les cours publics, que les Conférences scientifiques semblent plus faciles à traiter et plus saisissantes pour le public ouvrier, surtout si elles sont accompagnées d'expériences. Les cours suivis sont préférables aux sujets traités isolément.

Le R. P. Marquigny, résumant les principales objections faites par les adversaires contre le succès des Conférences publiques, a rappelé une bataille engagée, le 5 août 1874, dans la réunion de la Société d'économie politique, par M. Antonin Rondelet, dévoué champion des questions ouvrières. M. Rondelet fit voir à ses adversaires que les auditeurs des Conférences catholiques sont bien de vrais ouvriers, qu'ils ne sont point attirés par une propagande occulte, mais par le désir d'apprendre, par la franchise des opinions émises, par l'intérêt qui s'attache à ces réunions. Les adversaires, vaincus, crient à l'abus de la liberté. C'est que, d'après eux, les catholiques ont toujours trop de liberté ; il n'en faut point pour les bons.

2º *Difficultés.* — M. Joseph Aubineau donne quelques détails sur les difficultés rencontrées dans les premiers essais de Conférences. Rien ne fut épargné pour faire échouer l'œuvre et la rendre impossible : insultes, sifflets, bruits prolongés, et même certains projectiles lancés à l'orateur. Mais ce nouveau genre de balle eut peu de succès. Aussi pourquoi s'adressait-il à M. le comte de La Tour du Pin, qui en avait vu bien d'autres, et qui porte encore bien haut son noble front de soldat chrétien ? Le R. P. Dulong de Romas a mérité, par sa persévérance autant que par son talent, toutes les marques de respect et de sympathie de ceux qui l'avaient insulté d'abord. Que les conférenciers aillent avec franchise et avec amour auprès du peuple ouvrier, et M. Laverdant, au nom de l'expérience, leur assure le succès, car le peuple et l'ouvrier, qui se sont éloignés de nous surtout par ignorance, sont pourtant capables de nous comprendre et de se laisser attirer jusque dans les hauteurs de la mysticité chrétienne.

Cependant, trois genres de difficultés sont spécialement signalés pour les Conférences en province : 1º difficulté d'obtenir l'autorisation administrative nécessaire : cette difficulté rend la propagande plus restreinte ; mais on peut faire connaître la réunion par des invitations nominales ; il ne faut pas craindre de prendre toute la liberté qu'on peut prendre ; 2º le recrutement des conférenciers rend encore l'œuvre difficile ; cependant il est possible de réunir quelques hommes capables de faire une Conférence intéressante ; on peut appeler les hommes des localités voisines, réunir tous ceux d'un département, et, en s'aidant les uns les autres, on rend la besogne plus facile : ce mode a été employé avec succès en Belgique ; 3º difficultés apportées par l'influence des sociétés secrètes ; il faut déjouer leurs efforts par la persévérance et l'énergie de la résistance ; la victoire reste aux courageux : *audaces fortuna juvat.*

3° *Invitations.* — Les principaux moyens à adopter pour attirer le public aux Conférences sont : les affiches, dont on use à Paris ; les lettres personnelles pour les ouvriers connus ; pour les autres, des lettres sans adresse, distribuées par les enfants des écoles ou par toute autre personne. L'expérience prouve que dans les Conférences faites dans les œuvres, cercles ou autres, il est plus difficile d'attirer un auditoire que dans les Conférences publiques. L'intérêt de la curiosité qui engage le peuple ouvrier dans celles-ci est moins grand dans celles-là. Les moyens de publicité employés pour les Conférences publiques ne peuvent être mis en usage pour les Conférences dans les œuvres, par suite des règles administratives sur les œuvres. Il faut ici procéder par insinuation, inviter les familles des membres de l'œuvre, s'industrier pour les attirer. Points à noter : il faut, pour les Conférences publiques, choisir, autant que possible, le local dans le quartier habité par les personnes que l'on recherche. Le pire quartier comme réputation est le meilleur.

A la suite du Congrès de Lyon, le bureau central de l'Union a été chargé de mettre à l'étude la question des Conférences ouvrières dans les petites villes de province.